Pendo

STEFAN FOURIER

Der Eisbär und der Pinguin

Gemeinsam sind wir stark

Eine Fabel mit Illustrationen
von Susanne Straßer

Pendo München und Zürich

1. Auflage 2007

Umschlaggestaltung: Hauptmann & Kompanie,
Werbeagentur München-Zürich, unter Verwendung einer
Illustration von Susanne Straßer
Innenlayout und Satz: BuchHaus Robert Gigler, München
Gesetzt aus der Today light
Druck und Bindung: Druckerei Uhl, Radolfszell
Printed in Germany

ISBN 978-3-86612-149-2

Inhalt

1 Der Aufbruch

Das erste Kapitel, in dem sich zwei Tiere, denen es zu warm geworden ist, auf den Weg machen, die Kälte wiederzufinden. Der eine sucht im Norden, der andere im Süden, und beide ahnen nicht, was sie letztlich finden werden.

»Das hat doch alles keinen Sinn mehr«, grummelte der Eisbär leise vor sich hin. Ausgestreckt auf dem Bauch lag er da, das Kinn auf das rechte Vorderbein gestützt, und blinzelte mit halb geöffneten Augen in die Frühlingssonne. Jetzt war wieder die Jahreszeit, in der einem das grelle Sonnenlicht den Mittagsschlaf verdarb. In der man schon am frühen Morgen ins Schwitzen kam. Und in der sich der schöne, kühle Schnee, auf den man sich gerade gebettet hatte, binnen kurzer Zeit in eine eklige, lauwarme Pfütze verwandelte.

Und dann erst der Hunger! Keine Robbe weit und breit. Alle nach Norden abgehauen. Nicht mal ein Lemming oder ein Seetaucher in Sicht. Seit Tagen nur Seetang, Seetang, Seetang. Pflanzenfraß bis zum Erbrechen – eines Raubtiers einfach unwürdig. Müde schweifte der Blick des Eisbären zum Ufer. Dort lag auf dem von Schmelzwasser feuchten Kieselstrand noch ein abgenagtes Rentierskelett. Nicht mal die Polarfüchse oder die Seemöwen fanden daran noch eine einzige Fleischfaser.

So war sie stets, die Jahreszeit, in der sich die Eisbären der Wrangelinsel auf den weiten Weg nach Norden machten. Wie schon ihre Väter und Großväter und Urgroßväter verließen sie die Insel, sprangen von Eisscholle zu Eisscholle und schwammen viele, viele Kilometer Richtung Nordpol. Zum ewigen Eis, dahin, wo es schön kühl war. Wo es jetzt noch leckere junge Robben gab. Und wo sie ihre Ruhe hatten vor diesem verdammten Frühling.

Aber dieses Jahr hatte der Eisbär keine Lust, mit den anderen nach Norden zu ziehen. »Das hat doch alles keinen Sinn mehr«, murmelte er noch mal, atmete tief ein und aus, schloss die Augen und versuchte, einfach weiterzuschlafen. Als er so vor sich hindöste, erschien ihm im Halbschlaf seine große Liebe. Das schönste Weibchen, das er je gesehen hatte, mit einem strahlend weißen Fell und geheimnisvollen schwarzen Augen.

Und dann sah er noch einmal, wie er sie verloren hatte. Jämmerlich ertrunken war sie, völlig entkräftet, im letzten Frühling, auf dem Weg nach Norden. Er wollte der Liebsten den ganzen Weg folgen und musste mit ansehen, wie sie unterging. Da war er umgekehrt und hatte einen fürchterlichen Sommer auf der Insel verbracht, gehungert und gedarbt.
Er konnte dieses Weibchen nicht vergessen. Und längst waren es viele, die ihre Liebsten an das Meer verloren hatten. Jedes Jahr zog sich das Eis weiter zurück, jedes Jahr wurde der Weg zum Packeis länger und jedes Jahr schafften es weniger Eisbären, die sommerlichen Jagdgründe zu erreichen. Es wurde einfach immer wärmer. Die Welt veränderte sich. Nichts war mehr so, wie die Großväter es gekannt hatten.

Am liebsten wäre der Eisbär einfach hier liegen geblieben. Wenn bloß diese blöde Sonne nicht so stechen würde! Und wenn dieser elende Hunger nicht wäre! Missmutig öffnete er die Augen und stellte sich auf die Hinterbeine, dann auf die Vorderbeine, dann erhob er sich, bis er in seiner ganzen Größe aufrecht stand. Er ließ den Blick bis zum Horizont schweifen – und hatte eine Idee.

Er würde zu dem alten Eisbären gehen, dem Ältesten der ganzen Insel. Zu dem gingen immer alle, wenn sie Probleme hatten. Dieser Eisbär war schon fast fünfzig Jahre alt. Er war in einer Zeit groß geworden, als unvorstellbar schien, dass das ewige Eis eines Tages schmelzen könnte. Den alten Eisbären

würde er fragen, wohin er gehen sollte. Vielleicht nach Süden statt nach Norden? Möglicherweise suchten alle die Kälte in der vollkommen falschen Richtung.

»Komm nur herein«, brummte der Älteste in seiner Eishöhle, als der Eisbär am Eingang stand und mit der rechten Tatze vorsichtig an einen dicken Eiszapfen klopfte. »Hier drinnen ist es schön kühl.«

Und tatsächlich, die ganze Höhle war erfüllt von einer wohligen Kälte. Es war so kuschelig kalt, dass der Eisbär sogar seinen Hunger vergaß. Und als der Älteste ihm noch frisches Eiswasser mit großen, glänzenden Eiswürfeln zu trinken anbot, fühlte er sich gänzlich wie in Abrahams Schoß.

Würdevoll saß der Älteste tief in seiner Eishöhle, die Hinterbeine eingezogen, die Vorderbeine ausgestreckt, den Hals gerade und den Kopf leicht zur Seite geneigt. Es war ein Bild erhabener Ruhe und Kraft.

»Was führt dich zu mir?«, fragte der Älteste seinen Gast und sah ihn mit seinen dunklen Augen an.

»Ich sehe keinen Sinn mehr darin, mit den anderen nach Norden zu ziehen«, entgegnete der Eisbär. »Das Eis schmilzt, die Kälte verschwindet. Jedes Jahr kommen weniger von uns zurück.«

Der Älteste nickte verständnisvoll. Und der Eisbär fuhr fort: »Warum probiert niemand etwas Neues? Warum suchen wir die Kälte nicht woanders?«

Der Alte nahm einen Schluck Eiswasser und sagte dann: »So ist es nun einmal. Die meisten tun einfach das, was sie immer getan haben.«

»Und wenn es nicht mehr klappt?«, fragte der Eisbär.

»Dann tun sie immer noch das, was sie gewohnt sind. Bloß heftiger und verzweifelter«, sagte der Älteste. Sein Ton war dabei milde und verständnisvoll.

»Das kann nicht sein!«, protestierte der Eisbär. »Wenn etwas nicht mehr klappt, dann muss man etwas Neues ausprobieren. Wenn die Kälte im Norden verschwindet, dann muss man sie eben im Süden suchen.«

»Du, mit deiner schwarzen Strähne«, sagte der Älteste lächelnd und betrachtete die Besonderheit auf der Stirn des Eisbären, »du warst schon immer anders. Du bist mutiger als die anderen. Also gehe deinen eigenen Weg.«

»Ich soll also nach Süden gehen und dort die Kälte suchen?«, fragte der Eisbär.

»Wenn ich jünger wäre, käme ich mit dir«, entgegnete der Älteste. »Aber ich bin alt. Wenn du nicht gehst, wird niemand gehen. Tu es für uns!«

Bei diesen Worten spürte der Eisbär auf einmal eine bisher nicht gekannte Energie in sich aufsteigen. Seine Muskeln spannten sich, und er sagte stolz und zuversichtlich: »Ja, ich gehe! Ich mache mich gleich auf den Weg. Ich wandere so weit nach Süden, bis ich dort die Kälte wiederfinde. Und wenn ich sie gefunden habe, kehre ich zu euch zurück und führe euch alle dorthin.«

»Tu es für uns!«, wiederholte der Älteste. Und er sah dem Jüngeren lange nach, als dieser die Höhle verlassen hatte und sich auf den Weg nach Süden machte.

Zur gleichen Zeit auf der anderen Seite der Erde. Ein eisiger Herbststurm fegte über die endlose Weite der Antarktis. Wie ein gewaltiger Trauerzug zogen die Pinguine in Richtung Meer. Hundert, fünfhundert, tausend Pinguine dicht an dicht. Nach vorn gebeugt und mit gesenkten Köpfen watschelten sie gleichmütig dahin, Schritt für Schritt, Meter für Meter, Kilometer für Kilometer. Der Wind pfiff nur so durch ihre Reihen, und die Eiskristalle prasselten auf ihr dichtes, schwarzweißes Gefieder.

Im Morgengrauen hatten sie ihre Familien verlassen. Zwei, drei Tage würden die Weibchen und Jungen in der Kolonie ausharren, bis der Zug der Tausend von der Jagd im Meer zurückkäme, die Bäuche voller leckerer Krebse und anderem Kleingetier. Doch der Weg war weit und beschwerlich. Die Eiswüste schien endlos zu sein. Ein ständiges Schnarren und Schnattern, welches das Heulen des Windes kaum übertönte, lag über dem Zug der Geplagten. Die Pinguine klagten sich gegenseitig ihr Leid.

»Immer müssen wir marschieren, marschieren«, jammerte einer in Reihe sechsundneunzig.

»Bei diesem Scheißwetter!«, ergänzte der Hintermann in Reihe siebenundneunzig.

»Andere Tiere haben es viel besser, viel besser«, klagte einer in Reihe fünfunddreißig.

»Nie, nie können wir uns mal Urlaub leisten«, seufzte einer in Reihe hundertvier.

Dann, endlich, nach Stunden beschwerlichen Marsches, lag das offene Meer vor ihnen. Der Sturm hatte sich verzogen, und ein wolkenloser Himmel verlieh der Wasseroberfläche ein geheimnisvolles Dunkelblau. Hier, wo die Eiswüste endete wie abgebrochenes Brot, jagten die Pinguine immer und immer wieder nach Meeresgetier. Wie schon ihre Väter und Großväter und Urgroßväter.

Doch wer würde diesmal den Anfang machen? Bibbernd vor Angst standen die Pinguine an der Eiskante. An Land hatten sie keine Feinde. Aber im Wasser, in ihren Jagdgründen, gab es furchtbare Biester, denen eine kräftige Pinguinmahlzeit gerade recht kam. Seelöwen und Seeleoparden, Haie und Schwertwale – ihnen allen lief das Wasser im Mund zusammen, wenn sie dieses appetitliche schwarzweiße Gefieder sahen.

»Spring du zuerst, du zuerst!«

»Nein, du, du!«

»Nein, das könnt ihr nicht von mir verlangen!«

Fast eine halbe Stunde ging es so hin und her. Die Pinguine starrten auf das Wasser und zitterten und schnarrten. Da fasste sich der Pinguin mit dem blassen orangefarbenen Fleck auf dem Bauchgefieder ein Herz. Kopfüber sprang er ins Wasser und tauchte tief ein. Und kaum dass er eingetaucht war, sprangen hundert, fünfhundert, tausend Pinguine hinterher. Eine Reihe nach der anderen, bis zur allerletzten. Und dann jagten sie Krebse, und keines der großen Raubtiere des Ozeans störte sie dabei, für sich und ihre Familien die Bäuche zu füllen.

Stunden später, als auch der letzte Pinguin mit einem meterhohen Satz wieder auf das eisbedeckte Festland gesprungen war, standen die Pinguine dicht beisammen und warfen einander unzufriedene Blicke zu.

»Ich hab noch Hunger!«, rief einer.

»Ich auch, ich auch, ich auch«, schallte es hundertfach zurück.

Jahr für Jahr, Monat für Monat, Woche für Woche fanden die Pinguine weniger zu essen. Sie wurden einfach nicht mehr satt. Und jedes Mal jammerten ihre Familien nach der Rückkehr, dass die Jäger nicht genug zu futtern nach Hause brachten. Woran mochte das bloß liegen? Die Welt veränderte sich. Nichts war mehr so, wie die Großväter es gekannt hatten.

»Zu wenig Krebse, Krebse!«, schallten Rufe aus der Menge.

»Kaum noch Algen!«, riefen andere.

»Weniger Eisschollen, wo sind die Eisschollen?« schrieen sie durcheinander.

»Ja, die Kälte geht weg«, verstärkte sich das Rufen an einem Ende des Pulks.

»Und mit der Kälte die Eisschollen«, rief einer.

»Und mit den Eisschollen die Algen«, fügte ein anderer hinzu.

»Und mit den Algen die Krebse!«, schloss ein Dritter.

»Unser schönes Essen, unser schönes Essen!«, jammerten da alle.

Doch dann fielen die Blicke der Menge auf den Pinguin mit dem orangefarbenen Fleck auf dem Bauch. Er stand ganz nah am Wasser, wo das Eis zum Meer hinausragte, und war umringt von elf weiteren Pinguinen. Sie standen ganz nahe an der Eiskante und starrten gebannt auf die Wellen. Noch waren die Zwölf unschlüssig, ob sie noch einmal hineinspringen sollten, zu einem neuen Jagdversuch.

»Ihr da, ihr da, seht nach, wo die Kälte ist!«, kamen Stimmen aus der Menge.

»Schwimmt los und sucht die Kälte, macht euch auf den Weg!«, forderten bald immer mehr.

Der Pinguin mit dem hellen orangefarbenen Fleck auf dem Bauch und seine Kameraden starrten zitternd auf das Wasser. Auf keinen Fall wollten sie wieder hinein.

Doch die Menge wurde immer lauter. Alle riefen durcheinander.

»Geht mal, geht mal, geht mal!«

»Macht nur, macht nur!«

»Springt ins Wasser!«

»Sucht die Kälte!«

»Schwimmt nach Norden!«

Da nahm der Pinguin mit dem blassen orangefarbenen Fleck auf dem Bauch allen Mut zusammen. Mit einem Kopfsprung stürzte er sich wieder in das Wasser. Und kaum war er eingetaucht, sprangen die elf anderen beinahe gleichzeitig hinterher. Schließlich schwammen sie, dicht beieinander, mal der eine, mal der andere vorweg, Seemeile für Seemeile, immer weiter nach Norden, auf der Suche nach der Kälte.

2 Die Begegnung

Das zweite Kapitel, in dem der Eisbär und der Pinguin plötzlich voreinander stehen und Erstaunliches über sich herausfinden. Ein egoistischer Reflex wird überwunden und es zeigt sich, dass gemeinsames Leid verbindet.

Es war heiß, unerträglich heiß. Seit Stunden lag der Eisbär nun schon im Gras der afrikanischen Savanne, fünfzig Meter vom Äquator entfernt. Er schwitzte und schwitzte. Mit den Vorderbeinen schützte er seinen Kopf gegen die brennende Sonne. Seine Augen waren nur halb geöffnet. Er war enttäuscht. Er war fix und fertig. Er wartete auf den Abend, hoffte nur noch auf Abkühlung und dann, endlich, die Kälte der Nacht. Zu nichts anderem hatte er mehr Kraft.

Was habe ich mich angestrengt, dachte der Eisbär. Welche Mühen, welche Plagen habe ich auf mich genommen! In der flirrenden Hitze sah er die Bilder der letzten Wochen lebendig vor Augen.

Wie er immer wieder den Menschen und ihren Städten ausgewichen war, damit ihn niemand bemerkte. In Mitteleuropa, wo die Menschen in Schwärmen lebten wie die Fische im Eismeer, war er oft wochenlang nur nachts vorangekommen. Immer wieder hatte er sich verstecken müssen. Unter maroden Brücken oder in stinkenden Containern. Er hatte Fleisch aus Abfalltonnen hinter Supermärkten essen müssen und dann tagelang Bauchweh gehabt. Welch eine Qual.

Dann erst dieses Gebirge! Wie hoch man da klettern musste für ein lächerliches bisschen kühlendes Eis. Und auch das begann schon zu schmelzen, genau wie zu Hause. Die Jagd war ein Drama auf diesem abschüssigen Geröll. Einen einzigen Steinbock bekam er zu fassen. Aber das Schlimmste sollte erst noch kommen. Dieses riesige Meer, das er durchschwommen hatte. Was für eine ekelhafte warme Brühe! Zu allem Überfluss voller Menschen an den Rändern.

Und danach, am anderen Ufer des Meeres, ein Strand, der gar nicht mehr aufhörte. Fünf, fünfzig, fünfhundert Kilometer nur noch Sand. Und immer mehr Hitze. Schließlich diese öde, staubige Senke. Dieses Meer aus Gras mit ein paar dornigen Büschen und knorrigen Bäumen. Was habe ich dem Alten in seiner Höhle da bloß versprochen?, dachte der Eisbär deprimiert. Was wollte ich für die anderen tun! Und wie stehe ich jetzt da?

Es war heiß, unerträglich heiß. Seit Stunden lag der Pinguin nun schon im Gras der afrikanischen Savanne, fünfzig Meter vom Äquator entfernt. Er schwitzte und schwitzte. Wer ihn da so liegen sah, bäuchlings, mit ausgebreiteten Flügeln, den Schnabel im Staub, hätte niemals vermutet, dass er noch am Leben war. Doch er atmete. Und er weinte leise.

»Ein Team wollten wir sein«, schluchzte der Pinguin. »Und jetzt bin ich ganz allein! All die anderen haben mich verlassen. Oder sie sind tot.« In der flirrenden Hitze sah er die Bilder der letzten Wochen lebendig vor Augen. Wie ein Hai den ersten aus der Gruppe gefressen hatte. Und dann ein Seelöwe den zweiten. Da hatten sich die übrigen noch gegenseitig Mut gemacht. »Wir schaffen das, wir schaffen das«, hatten sie sich immer wieder gesagt. Doch drei waren trotzdem ersoffen, kurz vor dem Kap der guten Hoffnung. Sie hatten einfach schlappgemacht.

Und dann waren sie in diesem verdammten Kapstadt gewesen. Und hatten die Pinguine in diesem blöden Zoo gesehen. Wie die sich's gutgehen ließen. Was für ein schönes Leben die hatten. Drei Mal am Tag eine Mahlzeit, einfach so,

ohne etwas dafür tun zu müssen. Das wollten fünf andere in der Gruppe dann auch. Da wollten sie bleiben.

»Denkt doch an zu Hause, denkt doch an zu Hause!«, hatte der Pinguin seine Kameraden angefleht. Er hatte die Kolonie vor Augen. Er sah, wie sie alle warteten. Wie sie alle hungerten. Doch es war vergebens. Nur noch einer wollte mit ihm weiter nach Norden, um die Kälte zu finden. Die anderen blieben in Kapstadt und gingen in den Zoo.

Und jetzt, nachdem sie schon hundert, tausend oder wer weiß wie viele Kilometer landeinwärts gewatschelt waren, hatte ein Löwe den letzten Begleiter des Pinguins gefressen. Wie hatte er das nur tun können! Sah er nicht, dass sie die Kälte suchten? Sah er nicht, wie wichtig das war? Nun war der Pinguin ganz allein. Und was sollte er allein? So kann ich doch gar nichts machen, dachte er. So werde ich niemals die Kälte finden. Und er weinte und schluchzte, bis die Kraft ihn verließ und er einschlief.

Es war Mondschein, als der Pinguin aufwachte. Endlich war es angenehm kühl. Er richtete sich auf und sah sich um. Das Licht war bläulich. Die vereinzelten Bäume und Sträucher bildeten schwarze Umrisse vor dem sternenklaren Nachthimmel. Doch bewegte sich da hinten nicht etwas? War da nicht was, größer als ein Strauch und kleiner als ein Baum, das auf ihn zukam? Neugierig watschelte der Pinguin diesem merkwürdigen Schatten entgegen.

Es war der Eisbär. Jetzt, wo es endlich nicht mehr heiß war, wollte der Eisbär weiter. Er hatte kaum noch Hoffnung und konnte doch nicht aufgeben. Sollte er etwa als Gescheiterter zurückkehren? Träge hatte er sich wieder auf den Weg gemacht. Bis ihm plötzlich der Pinguin genau gegenüber stand.

Blitzschnell schoss dem Eisbären eine Gedankenkette durch den Kopf: Hunger – Beute – zugreifen! Er richtete sich auf und fletschte die Zähne. Er setzte zum Sprung an – doch der Pinguin blieb wie angewurzelt stehen.

»Endlich trifft man hier mal jemanden, wie schön, wie schön«, schnatterte der Pinguin, legte den Kopf schief und breitete seine Flügel aus.

Was ist denn das für ein verrückter Vogel?, dachte der Eisbär. Warum versucht der nicht wegzufliegen? Der Eisbär war wie gelähmt. Damit hatte er nicht gerechnet. Auf der Wrangelinsel

versuchte jedes, wirklich jedes Tier sich aus dem Staub zu machen, wenn sich ein Eisbär vor ihm aufrichtete.
Der Pinguin wiegte den Kopf und musterte den Eisbären von oben bis unten. Das weiße Fell leuchtete im Mondschein. So einen hatte er ja noch nie gesehen. Kein Seelöwe und kein Seeleopard. Außerdem ein Landtier, also ungefährlich. Ein schmucker Kerl irgendwie, mit einer schwarzen Strähne auf der Stirn. Bloß etwas aufdringlich.

» Wo kommst du denn her, wo kommst du denn her?«, fragte der Pinguin den Eisbären.

Der Eisbär ging auf alle viere und sah dem Pinguin in die Augen. Das gibt's doch nicht, dieser Vogel stellt ja auch noch freche Fragen! Was glaubt der eigentlich, wer er ist?

Aber ach, was für eine Frage hatte der Vogel da nur gestellt. Wo der Eisbär herkäme! Sofort musste er an seine geliebte Insel denken. Er sah das schöne, kühle Eismeer. Er sah seine verblichene Liebste, sah den weisen Alten, die jungen Eisbären, wie sie im Herbst im Schnee herumtollen. Ihm schossen Tränen in die Augen.

»Ich komme von einer ganz fernen Insel«, sagte der Eisbär leise zum Pinguin. »Sie liegt zwischen der Ostsibirischen See und der Tschuktschensee. Dort ist es wunderschön weiß und herrlich kühl. Im Winter bringen unsere Weibchen dort die Jungen zur Welt. Aber im Frühling verlassen wir die Insel und gehen nach Norden. Da haben wir den Sommer über unsere Jagdgründe.«

»Und was machst du dann hier, hier?«, fragte der Pinguin.

»Ach, es ist schrecklich«, entgegnete der Eisbär. »Bei uns wird es immer wärmer. Das Leben ist nicht mehr schön.

Unsere Reisen werden immer mühsamer. Immer mehr von uns ertrinken im Frühjahr auf dem Weg nach Norden. Und wir haben immer weniger zu essen.«

»Das kenne ich, das kenne ich«, sagte der Pinguin. »Bei uns zu Hause gibt es auch immer weniger zu essen.«

»Bist du denn auch nicht von hier?«, fragte der Eisbär.

»Nein, nein«, schluchzte der Pinguin. »Ich bin ganz weit weg von zu Hause, ganz weit weg. Und ich bin ganz allein, ganz allein. Bei uns am Südpolarmeer ist es auch wunderschön weiß und herrlich kühl. Wir sind viele, ganz viele. Wir müssen ständig ans Meer, um die Krebse zu fangen für so viele. Aber es werden immer weniger, immer weniger.«

»Und du bist auch den ganzen Weg hierher gelaufen?«, fragte der Eisbär. Langsam wurde ihm immer klarer, was für eine schlechte Idee es gewesen wäre, den Pinguin zu fressen. Denn irgendwie schienen sie beide das gleiche Problem zu haben.

»Ich bin geschwommen und gelaufen, geschwommen und gelaufen«, entgegnete der Pinguin.

»Ich auch!«, sagte der Eisbär. »Und mir geht es so schlecht. Ich bin so fertig!«

»Ich bin so allein«, jammerte der Pinguin.

»Ich bin so enttäuscht«, schluchzte der Eisbär.

Und sie weinten und schnieften und heulten und schluchzten die ganze Nacht hindurch. Der Mond war eine silberne Scheibe am blauschwarzen Himmel, und ab und zu strich ein kühler Windhauch über das Gras der Savanne.

3 Der Impuls

Das dritte Kapitel, in dem ein Geier sich in das Geschehen einmischt. Eine Horde Paviane, eine Herde Antilopen und ein Leopard treten auf und wieder ab. Der Eisbär und der Pinguin begreifen etwas Entscheidendes und sehen sich plötzlich mit anderen Augen.

»Ach du Scheiße, das hält man ja im Kopf nicht aus!«, krächzte der Geier. Mit eingezogenem Hals saß er auf einem verdorrten Baum, nur einen Steinwurf von der Stelle entfernt, an der sich der Eisbär und der Pinguin begegnet waren. Die Sonne ging gerade auf und ließ den Tau auf den Gräsern glitzern.

Aufgeschreckt blickten der Eisbär und der Pinguin an dem toten Baum empor und sahen den grauen, staubigen Aasvogel. Sie hatten gar nicht bemerkt, dass er sie schon eine ganze Weile beobachtete.

»Was seid ihr bloß für grauenhafte Jammerlappen!«, regte sich der Geier auf. »Da denkt man, ihr beiden seid das perfekte Frühstück – und dann muss man sich von seinem Essen bevor es abkratzt so ein stundenlanges Genöle anhören. Jetzt ist mir total der Appetit vergangen. Ihr seid ja noch zu blöd, um gefressen zu werden!«

Der Eisbär und der Pinguin schauten sich fragend an. Was war das nun wieder für ein komischer Typ? Saß da oben auf seinem Baum und machte dumme Bemerkungen. Als ob sie nicht genug Probleme hätten!

Da packte den Eisbären die Wut. Erst stellte er sich auf die Hinterbeine, dann auf die Vorderbeine, dann erhob er sich, bis er in seiner ganzen Größe aufrecht stand. Er fauchte den Geier an und fletschte die Zähne.

»Was fällt dir ein?«, brüllte der Eisbär. »Du lachst uns hier aus? Dir werde ich's zeigen, du ekliger, hässlicher Vogel!«

»Har, har, har«, lachte der Geier hämisch. »Du hast doch viel zu lange nichts gegessen, um hier den großen Macker zu spielen! Tob dich nur aus. Ich habe Zeit. Ich kann warten, bis du keinen Mucks mehr machst.«

»Sei still, sei still, sei still«, beschwichtigte der Pinguin den Eisbären, während er zu ihm aufschaute und nervös mit den Flügeln schlug. »Lass mich reden, lass mich reden.«

Da ging der Eisbär missmutig auf alle Viere zurück. Unterdessen richtete der Pinguin sich auf und sah den Geier auf dem Baum freundlich an.

»Weiser Vogel, weiser Vogel«, sagte der Pinguin zu dem Geier. »Wie gut ist es doch für uns, dich getroffen zu haben. Du sitzt auf deinem Baum und hast einen viel besseren Überblick als wir. Du kennst die Savanne wie kein anderer.«

»Ach, ja?«, krächzte der Geier verlegen, reckte den Kopf in die Höhe und plusterte sein Gefieder auf. »Das hat mir noch niemand so gesagt.«

»Und was du für einen schönen Hals hast«, fuhr der Pinguin fort. »Warum versteckst du den bloß immer?«

»Wirklich?«, fragte der Geier und reckte seinen Kopf noch ein wenig höher.

»Bestimmt kannst du uns einen guten Rat geben«, meinte der Pinguin.

»Aber sehr gern«, entgegnete der Geier gedehnt, während er wohlgefällig sein Gefieder betrachtete.

»Was sollen wir bloß machen, was sollen wir bloß machen?«, fragte der Pinguin.

Der Geier musterte von seinem toten Ast herab abwechselnd den Eisbären und den Pinguin. Nach einer Weile schüttelte er den Kopf.

»Ihr seid wirklich zu dumm«, krächzte der Geier. »Ihr braucht euch doch nur umzuschauen. Seht dort hinten den Affenbrotbaum!«

In einiger Entfernung, aber noch gut in Sichtweite, stand ein riesiger, grüner Affenbrotbaum. Der Baumstamm war umgeben von braunem Gras. Eine kleine Horde Paviane tummelte sich in der Baumkrone. Die Tiere sprangen von Ast zu Ast, bis sie einen angenehmen Sitzplatz gefunden hatten. Dann machten sie sich in aller Ruhe über die gurkenförmigen Früchte des Baumes her. Einige lutschten vergnügt das Fruchtfleisch aus. Andere kauten genussvoll auf den knackigen Kernen, die Augen halb geschlossen.

Rund um den Baumstamm war gut ein halbes Dutzend Antilopen versammelt. Sie gehörten zu einer größeren Herde, die sich in der weiten Senke verteilt hatte. Die Antilopen unter dem Affenbrotbaum schienen auf irgendetwas zu warten.

Und tatsächlich: Immer wieder warf ein Pavian eine Frucht absichtlich zu Boden. Sofort ließ sich eine Antilope das Geschenk des Pavians schmecken. Und der Pavian, der eine Frucht hatte fallen lassen, pflückte sich einfach eine neue.

So ging das die ganze Zeit. Die Paviane saßen in der Baumkrone und genossen ihr leckeres Frühstück. Und die Antilopen bekamen immer mal wieder etwas ab. Selbst der Pascha ganz oben auf dem Baum, der sich von den anderen Affen immer nur bedienen ließ, warf ab und zu eine Frucht zu den Antilopen herunter.

»Schaut euch das ruhig mal etwas genauer an«, sagte der Geier süffisant. »Da könnt ihr nämlich was lernen.«

»Was quatscht dieser blöde Vogel da für dummes Zeug?«, grummelte der Eisbär.

Doch der Pinguin war neugierig. »Sieh nur, sieh nur«, sagte er zu dem Eisbären. »Die Paviane verschenken ihre Früchte. Warum machen die das? Warum machen die das? Ganz schön dumm. Oder nicht dumm?«

»Ihr habt ja da unten gar keinen Überblick, ihr seid echt arm dran«, sagte der Geier. »Aber ich sehe von hier oben schon, was gleich passieren wird. Schaut nur genau hin!«

Es vergingen noch einige Augenblicke. Die Paviane ließen sich die Früchte schmecken und die Antilopen bekamen ihren Anteil. Plötzlich durchfuhr es die Antilopen. Wie vom Blitz getroffen zuckte das halbe Dutzend zusammen. Die Tiere hörten sofort auf zu kauen, spannten die Muskeln und richteten sich auf. Und einen Wimpernschlag später waren sie auch schon weg. Sie rannten alle in eine Richtung davon, dass Staub und Gras nur so durch die Luft flogen.

Sofort erhob sich ein ohrenbetäubendes Gekreische unter den Pavianen. Als erster sprang der Pascha vom Baum, dann folgten ihm all die anderen. Sie ließen die schönsten Früchte fallen, um so schnell wie möglich von dem Baum herunterzukommen und den Antilopen hinterher zu rennen. In wilder Panik, mit weit aufgerissenen Mäulern und Augen lief die ganze Horde davon, bis einer nach dem anderen im Steppengras verschwand.

Entgeistert schauten der Eisbär und der Pinguin den Antilopen und Pavianen hinterher.

»Guckt euch doch nicht die wegrennenden Hinterteile an«, krächzte der Geier. »Da passiert nix mehr. Schaut in die andere Richtung!«

Als der aufgewirbelte Staub sich verzogen hatte, tat sich einige Augenblicke lang gar nichts. Der große Affenbrotbaum stand da in der Morgensonne und trug noch viele Früchte für viele hungrige Mäuler. Doch dann bewegte sich das Steppengras. Und schließlich schlich ein ausgewachsener Leopard heran. Erst im letzten Moment konnten der Eisbär und der Pinguin sein Fell von dem braunen Gras unterscheiden. Griesgrämig trottete der Leopard zum Stamm des Affenbrotbaums und blickte empor.

»Versteckt euch hinter dem Baumstamm«, raunte der Geier dem Eisbären und dem Pinguin zu. Und die beiden gingen in Deckung.

Da schaute sich der Leopard in alle Richtungen um, ob jemand seine Schmach beobachtet hatte. Aber er sah nur den alten Geier, der ohnehin immer alles mitbekam. So fauchte der Leopard noch einmal vor sich hin, drehte sich um, und schlich sich auf demselben Weg, den er gekommen war, davon. Die Paviane hatten ihn wieder einmal ausgetrickst. Für den Leoparden gab es nun doch kein Affenfleisch zum Frühstück.

»Ihr könnt wieder hinter dem Baumstamm hervorkommen«, sagte der Geier von oben zu dem Eisbären und dem Pinguin. »Der Leopard hat sich verzogen.«

Da gingen der Eisbär und der Pinguin einen Schritt weg von dem verdorrten Baum, auf dem der Geier saß, und betrachteten noch einmal den von der Sonne hell erleuchteten Affenbrotbaum.

»Seht ihr«, sagte der Geier. »Gemeinsam geht's besser!«

Der Eisbär und der Pinguin schauten sich an. Langsam begriffen sie.

»Jetzt denkt mal ruhig nach, ihr Trottel«, krächzte der Geier. »Ich kann euer Elend nicht mehr sehen.«

Und da breitete der Geier seine riesigen, staubgrauen Flügel aus, schlug erst zwei Mal langsam, dann ein drittes Mal kräftig und dann in gleichmäßigem Takt mit den Flügeln, erhob sich von dem abgestorbenen Ast und flog mit einem lauten knarrenden Flattern davon.

Als der Eisbär und der Pinguin sich so ansahen, begann der Pinguin ganz zaghaft zu lächeln. Erst war es nur ein leises Schmunzeln. Dann lächelte er immer mehr. Schließlich grinste er über sein ganzes Gesicht. Und der orangefarbene Fleck auf seinem Bauch schien ein klein wenig zu leuchten.

Da lächelte der Eisbär zögerlich zurück, erhob dann seine rechte Tatze und klopfte dem Pinguin ganz vorsichtig auf die Schulter. Und der Pinguin lachte und der Eisbär lachte und ihnen wurde klar, dass sie ihre Lage gemeinsam meistern mussten.

4 Der Pakt

Das vierte Kapitel, in dem der Pinguin sich seiner selbst bewusst wird. Zwei Helden werden geboren, eine große Aufgabe wird angenommen und ein Bund feierlich geschlossen.

»Mann, ist das schon wieder warm!«, stöhnte der Eisbär und wischte sich mit der Tatze den Schweiß von der Stirn. Die Sonne stieg immer höher und heizte die staubige Senke inmitten der Savanne mehr und mehr auf.

»Komm mit, komm mit«, sagte der Pinguin. »Wir setzen uns unter den Affenbrotbaum. Da haben wir wenigstens Schatten.«

»Du hast recht«, sagte der Eisbär. »Zu essen finden wir jetzt sowieso nichts. Dann ruhen wir uns eben noch etwas aus. Ich bin so verdammt müde.«

»Ich auch, ich auch«, pflichtete der Pinguin ihm bei.

Und da liefen sie langsam hinüber zu dem großen, grünen Affenbrotbaum. Der Eisbär trottete, der Pinguin watschelte, bis sie im ersehnten Schatten waren. Dann setzten sie sich und lehnten sich Rücken an Rücken gegen den mächtigen Baumstamm. Die Luft flirrte und die Heuschrecken zirpten leise.

»Sag mal«, sagte der Eisbär zum Pinguin, »du hast da ja einen lustigen orangefarbenen Fleck auf dem Bauch.«

»Habe ich nicht, habe ich nicht!«, protestierte der Pinguin.

»Hast du doch!«, bekräftigte der Eisbär.

»Habe ich nicht, habe ich nicht«, wiederholte der Pinguin.

»Dann guck dich doch mal an«, sagte der Eisbär.

Und da schaute sich der Pinguin zum ersten Mal in seinem Leben sein eigenes Gefieder genauer an. Bisher hatte er immer nur die anderen in der Kolonie betrachtet. Er wusste, wie sein Weibchen aussah, und fand es auf dem Brutplatz sofort wieder. Er sah, wer bei der Jagd immer als letztes ins Wasser sprang und wer als erstes wieder herauskam. Nur sich selbst hatte er nie beachtet. Er war Teil der großen Gruppe gewesen und hätte nie geglaubt, etwas Besonderes zu sein. Er war einfach immer einer unter vielen gewesen.

Doch es stimmte, was der Eisbär da sagte. Der Pinguin hatte tatsächlich diesen Fleck aus orangefarbenem Gefieder mitten auf dem Bauch. Staunend betrachtete der Pinguin seine Besonderheit. Er sah wirklich lustig aus. Aber er gefiel sich auch.

»Du hast recht, du hast recht!«, sagte der Pinguin zum Eisbären. »Das habe ich nie gesehen.«

Der Eisbär lehnte sich zufrieden zurück. Natürlich hatte er recht. Wie konnte dieser kleine Vogel mit den Stummelflügeln daran zweifeln?

»Aber du«, fuhr der Pinguin fort. »Du hast ja auch nicht nur weißes Fell. Da oben auf deiner Stirn hast du eine schwarze Strähne.«

Der Eisbär zog die Auenbrauen hoch und richtete sich wieder etwas auf. »Da hast du recht«, sagte er. »Schon immer habe ich mich durch diese schwarze Strähne von den anderen unterschieden. Und schon immer haben mich die anderen deshalb als etwas Besonderes angesehen. Und weißt du was? Als ich mich auf den Weg gemacht habe, auf den weiten Weg hierher, da habe ich zuvor mit dem alten Eisbären gesprochen. Er ist der älteste und weiseste Eisbär auf unserer Insel. Er lebt in einer wunderbar kühlen Höhle, die er kaum noch verlässt. Und alle gehen zu ihm und fragen ihn um Rat.«

»Was hat er gesagt, was hat er gesagt?«, fragte der Pinguin ungeduldig.

»Er hat zu mir gesagt, ich sei mutiger als die anderen«, sagte der Eisbär stolz. »Deshalb solle ich losgehen und die

Kälte wiederfinden. Ich solle mich für die anderen auf den Weg machen. Denn ich sei dazu auserwählt.«

»Du suchst die Kälte, du suchst die Kälte?«, fragte der Pinguin aufgeregt.

»Ja,« sagte der Eisbär selbstbewusst, »ich habe einen Auftrag bekommen. Von dem alten Eisbären stellvertretend für alle auf unserer Insel. So konnte es nicht weitergehen. Es wird immer wärmer. Die Kälte geht weg. Doch alle suchen sie immer nur im Norden. Dort, wo schon unsere Großväter jeden Sommer hingeschwommen sind. Keiner hatte den Mut, die Kälte im Süden zu suchen. Keiner außer mir.«

»Du bist ja ein Held, ein Held!«, schnatterte der Pinguin.

»Ich tue es für die anderen«, sagte der Eisbär ruhig. »Weil es sonst ja niemand tut. Ich suche so lange, bis ich die Kälte wiedergefunden habe. Denn wir brauchen die Kälte zum Überleben. Und wenn ich sie wiedergefunden habe, sage ich den anderen Bescheid, wie auch sie die Kälte wiederfinden.«

Der Pinguin war nun so aufgeregt, dass er wild mit seinen Flügeln schlug. Sein Schnabel zitterte, als er endlich herausbrachte, was ihm die ganze Zeit unter den Schwanzfedern brannte.

»Die Kälte, die Kälte!«, platzte es aus dem Pinguin heraus. »Ich suche doch auch die Kälte! Ich auch, ich auch!«

»Was?«, fragte der Eisbär skeptisch. »Das musst du mir erklären.«

»Ihr ganz im Norden braucht die Kälte zum Überleben«, sagte der Pinguin, als er sich wieder etwas beruhigt hatte. »Wir ganz im Süden brauchen auch die Kälte zum Überleben. Bei euch im Norden wird es immer wärmer, und ihr findet immer weniger zu essen. Bei uns im Süden wird es auch immer wärmer und wir finden immer weniger zu essen. Du wurdest losgeschickt nach Süden, um die Kälte wiederzufinden. Und wir wurden losgeschickt nach Norden, um die Kälte wiederzufinden!«

Der Pinguin war hell begeistert angesichts all dieser Gemeinsamkeiten, die er da zwischen sich und dem Eisbären entdeckte. Doch die Miene des Eisbären verfinsterte sich mehr und mehr. Er ahnte Schlimmes.

»Du meinst, wenn ich von hier aus immer weiter nach Süden gehen würde, dann käme ich irgendwann dahin, wo du herkommst?«, hakte der Eisbär nach.

»Genau, genau.«

»Und dann wäre es irgendwann auch wieder kälter?«

»Ja, ja«

»Aber die Kälte verschwindet dort auch, genau wie bei uns?«

»Genau wie bei euch, genau wie bei euch.«

Resigniert sank der Eisbär in sich zusammen. Er stöhnte, ließ sich gegen den Baum fallen und schloss die Augen. Es hatte also überhaupt keinen Sinn, immer weiter nach Süden zu gehen, um die Kälte zu suchen. Offenbar gab es auf der ganzen Welt das gleiche Problem. Anscheinend wurde es überall wärmer und nirgendwo kälter. Vielleicht war die Kälte ja dabei, für immer zu verschwinden. Und damit wäre auch das Schicksal der Eisbären besiegelt.

Der Pinguin war indessen viel zu aufgeregt, um den Stimmungsumschwung des Eisbären überhaupt zu bemerken.

»Wir haben sogar noch mehr gemeinsam«, sagte der Pinguin begeistert.

»Ach, ja?«, erwiderte der Eisbär matt.

»Ja, ja, das haben wir«, fuhr der Pinguin fort. »Denn auch ich bin auserwählt von den anderen, die Kälte zu suchen. Wir waren eine Gruppe von zwölf. Wir standen am Meer. Wir hatten nicht genug zu essen gefunden, weil es immer wärmer wird und es immer weniger Algen gibt und deshalb immer weniger Krebse. Da haben die anderen auf uns gezeigt und gerufen, wir sollen losschwimmen, nach Norden, und die Kälte suchen.«

»Und dann?«, fragte der Eisbär müde.

»Dann sind wir los«, erzählte der Pinguin. »Bloß hat dann einen ein Hai gefressen. Und einen anderen ein Seelöwe. Und drei sind ersoffen. Fünf wollten in Kapstadt im Zoo bleiben. Und den letzten hat nicht weit von hier ein Löwe gerissen. Von da an war ich ganz allein.«

»Tut mir echt leid«, sagte der Eisbär.

»Aber jetzt habe ich ja dich!«, jubelte der Pinguin. »Jetzt bin ich nicht mehr allein. Jetzt sind wir wieder ein Team!«

»Ja, ein tolles Team«, grummelte der Eisbär. »Wir stecken ganz schön in der Patsche.«

Der Pinguin ließ sich von der resignierten Stimmung des Eisbären nicht anstecken. Zu froh war er, nicht mehr allein zu sein. Zu glücklich war er, dass da ein anderer das Schicksal der letzten Wochen mit ihm gemeinsam hatte. Er stand auf, watschelte aufgeregt ein paar Schritte vor und drehte sich dann zu dem Eisbären um. Dieser saß zusammengesunken an den Baumstamm gelehnt, die Hinterbeine ausgestreckt, die

Vorderbeine schlaff herunterhängend, die Augen nur halb geöffnet.

»Irgendwo muss die Kälte doch sein, sie muss, sie muss«, schnarrte der Pinguin. »Gemeinsam geht es besser, hat der Geier gesagt. Gemeinsam können wir die Kälte finden, gemeinsam, gemeinsam.«

Der Eisbär sammelte sich und richtete sich langsam auf. Sein Kampfgeist kehrte wieder zurück. Er öffnete die Augen und sah den Pinguin an.

»Du hast ja recht,« sagte der Eisbär. »Wir wollen das Gleiche. Also können wir es auch gemeinsam versuchen.«

»Lass uns einen Pakt schließen«, sagte der Pinguin aufgeregt und schlug wieder mit den Flügeln. »Einen Pakt, einen Pakt, einen Pakt!«

Da stellte sich der Eisbär auf die Hinterbeine, dann auf die Vorderbeine, dann erhob er sich, bis er in seiner ganzen Größe aufrecht stand.

»In Ordnung, wir schließen einen Pakt«, sagte er lächelnd. »Wir suchen gemeinsam die Kälte.«

Dann ging der Eisbär langsam, zögernd auf den Pinguin zu, bis sie sich genau gegenüberstanden. Und ganz, ganz vorsichtig legte er erst das eine, dann das andere Vorderbein um den Körper des Pinguins und nahm ihn ganz, ganz behutsam in den Arm. Und der Pinguin drückte seinen Kopf ganz fest an die Brust des Eisbären. Er war so froh, nicht mehr allein zu sein, denn das war für jeden Pinguin das Schlimmste. Gemeinsam würden sie es schaffen, war sich der Pinguin sicher.

5 Die Lösung

Das fünfte Kapitel, in dem einer in Ohnmacht fällt und zwei endlich mal wieder so richtig satt werden. Der Eisbär und der Pinguin machen eine eisbrechende Entdeckung, und es wird klar, wer eigentlich gegen wen kämpft.

Es war abgekühlt. Der Mond erschien als silberne Scheibe am blauschwarzen Himmel der Savanne, und ein leiser Wind strich durch das hohe Gras. Fledermäuse mit rot funkelnden Augen kamen herbeigeflogen und hängten sich in die Äste des Affenbrotbaums. Der Eisbär und der Pinguin hatten den ganzen restlichen Tag geschlafen. Noch immer lagen sie da, gegen den Baum gelehnt, Schulter an Schulter. Da wurde der Pinguin wach. Er schnellte hoch und machte einen Satz nach vorn.

»Wir müssen los, wir müssen los«, schnatterte der Pinguin und schlug mit den Flügeln.

»Ich komme ja schon«, grummelte der Eisbär, riss das Maul weit auf und gähnte fast eine halbe Minute. Dann stand er auf.

Und so machten sich der Eisbär und der Pinguin gemeinsam auf den Weg durch die Nacht. Jetzt, wo es so angenehm kühl war, konnten sie beide wieder laufen. Und im Schutz der Dunkelheit würde sie niemand erwischen.

»Wir müssen erst mal etwas zu essen auftreiben«, sagte der Eisbär, nachdem sie ein paar Meter ziellos von dem Baum weggegangen waren. »Ich habe so einen verdammten Hunger. Und ohne Essen hat alles keinen Sinn. Wenn wir verhungern, werden wir auch die Kälte nicht finden.«

»Aber wohin denn, wohin denn?«, fragte der Pinguin.

»Egal«, antwortete der Eisbär gleichmütig. »Hauptsache, wir gehen immer in dieselbe Richtung. Irgendwann werden wir schon was zu essen finden.«

Und so folgten der Eisbär und der Pinguin einem besonders hell leuchtenden Stern am blauschwarzen Nachthimmel. Sie liefen und liefen, immer durch das Steppengras. Stunden um Stunden. Doch als sie an einem düsteren Gebüsch vorbeikamen, blieb der Pinguin plötzlich stehen.

»Hör doch, hör doch, hörst du das?«, fragte der Pinguin den Eisbären nervös.

»Nein, was soll da sein?«, antwortete der Eisbär.

»Ich höre Schritte, Schritte«, sagte der Pinguin. »Viele, viele Schritte auf ganz leisen Pfoten. Ich glaube, wir werden verfolgt!«

»Ach was«, beruhigte ihn der Eisbär. »Da ist nichts. Du hast bloß Angst. Komm, lass uns etwas schneller gehen.«

»Ich hab's genau gehört!«, widersprach der Pinguin. »Da! Jetzt wieder.«

Der Eisbär schaute sich um. Er lief ein paar Schritte ins Gebüsch und kam wieder zurück.

»Da ist wirklich nichts«, sagte der Eisbär mit fester Stimme. »Komm jetzt.«

Und der Eisbär ging zügig weiter, gerade so, dass der Pinguin noch mitkam. Und sie liefen und liefen, immer weiter durch die Nacht und folgten dem hellen Stern.

Es war im Morgengrauen, als sie den Kühllastwagen entdeckten. Er war groß und weiß und stand am Rand einer staubigen Überlandstraße. Weit und breit waren keine anderen Autos zu sehen. Nur dieser eine Lastwagen stand da, an den Rand gefahren, mit laufendem Motor. Die Scheinwerfer leuchteten im Dämmerlicht und die Kühlaggregate brummten leise. Der Fahrer war ausgestiegen und dabei, den rechten Vorderreifen zu wechseln.

Durch das Gebüsch näherten sich der Eisbär und der Pinguin ganz vorsichtig dem großen Kasten auf Rädern.

»Sieh mal, sieh mal, sieh mal!«, schnatterte der Pinguin plötzlich aufgeregt.

»Lachse!«, entfuhr es dem Eisbären.

»Krebse, Krebse, Krebse!«, jubelte der Pinguin.

»Heringe ...«, stöhnte der Eisbär.

»Garnelen, Garnelen, Garnelen«, schwelgte der Pinguin.

Und tatsächlich, die leckersten Fische und Meeresfrüchte zierten die Seiten des Lastwagens als überlebensgroßes Bild. Selbst in der Dämmerung waren ihre leuchtenden Farben zu erkennen. Ein riesiges Meeresbüffet war da abgebildet, ausgebreitet auf knackig frischem Eis, verziert mit Dillspitzen, Rosmarinblättern und Wacholderbeeren. Darüber stand in großen, blauen Buchstaben »United Fish«.

Dem Eisbären und dem Pinguin lief das Wasser in den Mäulern zusammen. Noch nie im Leben hatten sie so einen appetitlichen Anblick gehabt. Und beide mussten sie nicht lange überlegen, um zu verstehen, was das alles zu bedeuten hatte: Was da auf der Kiste drauf war, das war da auch drin.

»Los, komm, ran an die Fische!«, brüllte der Eisbär und wollte losrennen.

»Warte, warte, warte«, schnatterte der Pinguin ängstlich. »Lass uns überlegen.«

»Nun komm schon«, drängelte der Eisbär ungeduldig.

»Denk an den Menschen!«, beschwor ihn der Pinguin. »Sieh doch, da vorne ist ein Mensch. Und Menschen sind gefährlich, gefährlich! Sie sind bewaffnet, bewaffnet.«

Da kehrte der Eisbär wieder um, setzte sich hin, stützte den Kopf auf ein Vorderbein und begann zu grübeln.

»Ich hab's, ich hab's«, sagte der Pinguin nach einer Weile. »Ich lenke den Menschen ab und du machst die Kiste mit den Fischen auf.«

»Na gut«, sagte der Eisbär. »Aber wir lenken ihn beide ab. Wir erschrecken ihn.«

Der Fahrer des Kühllastwagens trug einen weißen Overall mit der blauen Aufschrift »United Fish« und eine blaue Baseballkappe mit demselben Schriftzug in Weiß. Als er das Rad mit dem platten Reifen losgeschraubt hatte, nahm er seine Kappe ab und wischte sich den Schweiß von der Stirn. Dann griff er in die Brusttasche, holte eine Schachtel Zigaretten hervor und zündete sich eine davon an. Nach dem ersten Zug schweifte sein Blick nach vorn auf die Straße.

Im Dämmerlicht sah er in einiger Entfernung den Pinguin mitten auf der Straße auf ihn zuwatscheln. Da stand ihm der Mund offen und die Zigarette fiel ihm aus dem Mundwinkel.

»Das gibt's doch nicht!«, sagte der Mann laut vor sich hin und schob seine Kappe nach hinten. »Da iss'n Pinguin am Äquator! Das glaubt mir keiner.«

Ungläubig lief der Fahrer auf den Pinguin zu. Doch als er auf halbem Weg zwischen seinem Lastwagen und dem Pinguin war, hörte er von hinten ein markerschütterndes Brüllen. Er drehte sich um – und sah den Eisbären, der sich in voller Größe vor der Motorhaube des Lasters aufgebaut hatte. Der Eisbär brüllte so laut er konnte und schlug sich mit den Vorderbeinen gegen die Brust.

»Da brat mir doch einer 'nen Storch«, stöhnte der Fahrer noch. Dann sank er ohnmächtig zusammen.

Sofort schlich der Eisbär um den Lastwagen herum und suchte nach der Tür zum Laderaum. Der Pinguin kam von der anderen Seite angewatschelt und traf den Eisbären hinter dem Laster. Sie sahen sich erst beide an, dann richteten sie ihre Blicke nach oben und sahen die verriegelte Ladetür. Der Eisbär fackelte nicht lange. Er warf sich mit der ganzen Kraft des größten Raubtiers der Erde gegen die Tür und schlug mit seiner Pranke gegen den Riegel. Als er zwei Schritte zurücktrat, gab die Tür nach und öffnete sich ganz langsam, wie das Portal eines Schlosses.

»Aaaaaaaaaaaaaaahhhhhh!«, brummte der Eisbär leise.

»Schöööön, schööööööön!«, genoss der Pinguin.

Ein Schwall eisiger Kälte war dem Kühllastwagen entwichen und hatte die beiden eingehüllt wie eine sanfte, wohlige Wolke.

»Tut das gut!«, murmelte der Eisbär.

»Ist das schön kalt, schön kalt«, schnatterte der Pinguin.

»Los, komm«, rief der Eisbär dem Pinguin zu. »Jetzt essen wir uns endlich mal wieder richtig satt.«

»Au ja, au ja«, freute sich der Pinguin.

»Wir müssen uns ranhalten, sonst wird das Essen warm«, mahnte der Eisbär zur Eile.

Und da sprang er auch schon mit einem mächtigen Satz in den Laderaum des Kühllasters. Der Pinguin ließ sich nicht zweimal bitten und hüpfte hinterher. Dann riss der Eisbär mit seinen Pranken die Kartons auf und der Pinguin durchtrennte mit seinem Schnabel die Plastikfolien, worin die Fische und Meerestiere eingeschweißt waren.

Und dann schlemmten der Eisbär und der Pinguin. Sie aßen Lachse und Heringe, Krebse und Garnelen. Sie aßen Schollen und Makrelen, Hummer und Krabben. Sie aßen Kabeljau und Schellfisch, Kaviar und Sardellen. Sie aßen so viel, wie sie noch nie in ihrem Leben auf ein Mal gegessen hatten. Alles war so herrlich kalt und knackig gefroren. Sie ließen es genussvoll in ihren Mäulern schmelzen, und dann kauten und schmatzten sie.

Längst war es heller Tag, als sie nicht mehr konnten. Durch die geöffnete Tür drangen Sonnenstrahlen in das Innere des Laderaums. Schmelzwasser lief über den Boden und tropfte durch die Tür auf die Straße. Der Eisbär und der Pinguin saßen inmitten zerrissener Kartons und zerfetzter Plastikfolien, umgeben von Gräten und Fischköpfen.

Und als sie das Schmelzwasser so tropfen hörten, fiel ihnen wieder ein, weshalb sie überhaupt solchen Hunger gehabt hatten. Sie erinnerten sich, dass sie so weit von zu Hause weg waren, weil sie die Kälte wiederfinden wollten.

»HIER IST DIE KÄLTE!«, riefen der Eisbär und der Pinguin da plötzlich wie aus einem Hals.

»Die Menschen klauen uns die Kälte!«, brüllte der Eisbär.

»Diese Schufte, Schufte, Schufte!«, empörte sich der Pinguin.

»Sie sperren die Kälte ein«, sagte der Eisbär wütend.

»Nehmen sie uns weg und behalten sie für sich, sich, sich!«, schimpfte der Pinguin.

»Wir müssen was tun«, sagte der Eisbär. »Wir müssen den Menschen die Kälte wieder wegnehmen. Das ist die Lösung.«

»Wir müssen alle Kisten, in denen die Menschen die Kälte einsperren, aufmachen«, sagte der Pinguin kämpferisch. »Wir müssen sie aufmachen, aufmachen, aufmachen.«

Doch da hörten sie eine laute Stimme. Sie hielten inne, schlichen zur offenen Tür des Laderaums und schauten vorsichtig um die Ecke. Die aufgeregte Stimme gehörte dem Lastwagenfahrer. Er stand neben dem Führerhaus, hatte den linken Arm verzweifelt erhoben und brüllte in das Funkgerät in seiner rechten Hand.

»Nein, ich bin nicht besoffen, wie oft muss ich das noch sagen?«, schrie der Fahrer. »Hier sind riesige weiße Bären und überfallen unsere Fahrzeuge. Und Pinguine laufen mitten auf der Straße 'rum. Versteht doch endlich, ich brauch' Hilfe! Schickt Jäger, schickt die Polizei, schickt das Militär!«

»Los, komm, wir hauen besser ab«, sagte der Eisbär zum Pinguin.

»Ja, lass uns gehen und die Kälte befreien, die Kälte befreien«, meinte der Pinguin.

Und während der Lastwagenfahrer noch diskutierte, machten sich der Eisbär und der Pinguin davon und verschwanden im hohen Gras der Savanne.

Da kam eine Hyäne auf ganz leisen Pfoten aus dem

Gebüsch geschlichen. Und dann kam noch eine zweite und dann eine dritte. Langsam schlich die erste Hyäne voran, während die anderen sich in alle Richtungen umschauten. Schließlich war ein ganzes Rudel Hyänen aus dem Gebüsch gekommen und machte sich von hinten an den Kühllastwagen heran. Die ganze Nacht waren die Hyänen dem Eisbären und dem Pinguin dicht auf den Fersen geblieben. Sie hatten die beiden unablässig verfolgt.

Jetzt sprang eine Hyäne nach der anderen fast lautlos in den Laderaum des Kühllasters. Geifernd und mit gierigen Blicken machten sie sich über den restlichen Fisch her.

»Das hätte ich ja echt nicht gedacht«, raunte eine der Hyänen. »Der Kleine und der Große sahen schon ganz wie unser Frühstück aus.«

»Und jetzt«, ergänzte eine andere Hyäne hämisch grinsend, »kriegen wir stattdessen ein kaltes Büffet.«

6 Die Schwierigkeiten

Das sechste Kapitel, in dem sich die breite Straße des Erfolgs in einen steinigen Pfad verwandelt, der nirgendwohin zu führen scheint. Ein leiser Nachtvogel kann besonders gut zuhören und erteilt einen weisen Rat.

Drei Wochen waren der Eisbär und der Pinguin nun schon in der Schweiz. Sie waren vom Äquator aus gemeinsam nach Norden gegangen, weil der Eisbär dort auf seiner ersten Reise so viele Menschen gesehen hatte. Je mehr Menschen sie finden würden, so hatten sie sich gedacht, desto mehr Kälte würden sie ihnen wieder wegnehmen können. Und so waren sie wochenlang unterwegs gewesen, immer im Schutz der Dunkelheit. Sie hatten die Savanne hinter sich gelassen und die Weite der Wüste durchquert. Sie waren durch das abscheulich warme Wasser des Mittelmeers geschwommen und hatten nach vielen weiteren Nächten die Alpen erreicht.

Seit Tagen zogen sie sich nun immer tagsüber zu einem Gletscher zurück und schliefen in einer schönen, kühlen Gletscherspalte. Aber abends, wenn es dunkel wurde, schlichen sie sich in die Städte der Menschen. Überall hatten die Menschen die Kälte eingesperrt. Überall wollten die Menschen die Kälte nur für sich. Und überall ließen der Eisbär und der Pinguin sie wieder entweichen. Der Eisbär strotzte vor Tatkraft, aber auch der Pinguin wurde immer mutiger. Nach jedem gelungenen Coup wurde sein Selbstbewusstsein größer und der orangefarbene Fleck auf seinem Bauch leuchtete.

Der Eisbär und der Pinguin stahlen sich anfangs heimlich in die Wohnhäuser der Menschen. Mal gingen sie durch eine offene Terrassentür, mal schlüpfte der Pinguin durch ein Kellerfenster, mal drückte der Eisbär eine Haustür ein. Und dann öffneten sie alle Kühlschränke, Kühltruhen und Gefrierfächer. Sie ließen sie offen stehend zurück, damit die Kälte wieder entweichen konnte. So machten sie es in ganz vielen Häusern mit ganz vielen Kühlgeräten. Nur einmal, in einer Arztpraxis,

fanden sie einen Kühlschrank mit Serumflaschen, zögerten und ließen ihn schließlich zu.

Bald merkten der Eisbär und der Pinguin, dass alle ihre Aktionen nichts nützten. Denn immer, wenn sie im Morgengrauen zum Gletscher zurückkehrten, standen sie mit den Füßen im Schmelzwasser. Wieder hatten sie sich umsonst abgemüht. Wieder war es nicht genug Kälte, die sie befreit hatten. Es wurde weiter wärmer. Und die Gletscher schmolzen immer noch.

Da beschlossen sie, noch mehr Kälte zu befreien. Sie drangen in einen riesigen Supermarkt ein und öffneten alle Türen vor den Kühlregalen. Sie rissen gemeinsam die Abdeckungen von den Kühltruhen, und der Eisbär schlug dann noch die Scheiben an den Kühltheken ein. In der folgenden Nacht kamen sie zu einem Kühlhaus, so groß, dass Gabelstapler darin herumfuhren. Der Pinguin schlug mit seinem Schnabel die Scheibe eines Feuermelders ein und drückte den Alarmknopf. Und als die Arbeiter der Nachtschicht das Kühlhaus eilends verlassen hatten, riss der Eisbär mit aller Kraft die großen Tore an der Laderampe auf. Ein riesiger Schwall eisiger Kälte entwich in die Nacht. Aber auch das hatte nichts geholfen. Als sie zum Gletscher zurückkamen, standen sie immer noch in einer Pfütze. Das Eis schmolz und schmolz.

Heute Nacht waren sie dann zu einer gigantischen Fabrik für Tiefkühlkost gegangen. Doch es war von Anfang an aussichtslos gewesen. Die Anschläge der vergangenen Nächte hatten sich offenbar herumgesprochen. Die Menschen schienen beunruhigt und hatten wohl beschlossen, ihre Kälte strenger zu bewachen. An allen Zufahrten und Eingängen der Tiefkühlfabrik patrouillierte die Kantonspolizei mit Maschinenpistolen. Und ein Hubschrauber kreiste die ganze Zeit knatternd über dem Werksgelände.

Da hatten der Eisbär und der Pinguin sich geeinigt, ihre Aktion für heute Nacht abzubrechen. Gegen so viele schwer bewaffnete Menschen sahen sie keine Chance. Müde und resigniert schleppten sie sich den stockdüsteren, schmalen Wanderweg hinauf zum Gletscher. Jeder Meter wurde ihnen zur Qual, so erschöpft und so traurig waren sie.

Als sie an eine wunderbare große Alm kamen, von der man im Mondschein weit in das Tal blicken konnte, beschlossen sie, hier Rast zu machen. Der Eisbär streckte sich in dem duftenden Gras aus und stützte seinen Kopf auf die Vorderbeine. Der Pinguin hockte sich neben ihn, zog den Hals ein und ließ den Kopf hängen.

»Es hat doch alles gar keinen Sinn«, stöhnte der Eisbär. »Mir tun die Pranken so weh von all den Türen, die ich eingedrückt habe. Von all den Scheiben, die ich eingeschlagen habe. Und von all den Toren, die ich aufgerissen habe.«

»Und mir tut der Schnabel so weh«, jammerte der Pinguin. »Wie viele Alarmknöpfe habe ich gedrückt? Wie viele Schlüsselbunde geklaut? Wie viele Kühlschränke geöffnet?«

»Ich bin total ausgepowert«, klagte der Eisbär.

»Ich bin so müde, müde, müde«, wimmerte der Pinguin.

»Wir haben uns zu viel vorgenommen«, seufzte der Eisbär.

»Wir sind nur zu zweit«, schluchzte der Pinguin. »Wir schaffen es nicht, wir schaffen es nicht.«

Und da weinten der Eisbär und der Pinguin. Sie jammerten und schluchzten und winselten und heulten. Und der

Mond war ein silberner Halbkreis am blauschwarzen Himmel der Alpen. Ein sanfter Fallwind kam von den Berggipfeln und strich über die Gräser der Alm.

»Uhuuuuuu!«

Der Eisbär und der Pinguin erschraken. Da hörten sie es noch einmal.

»Uhuuuuuu!«

Der Eisbär ging auf alle viere und schaute sich um. Der Pinguin reckte seinen Hals in alle Richtungen. Und dann sahen sie beide den großen Uhu, der sich auf einem Felsblock gleich neben ihnen niedergelassen hatte. In dem blassen Mondlicht hatten sie sein bräunliches Federkleid zunächst nicht erkannt. Doch nun betrachteten sie ihn staunend. Erhaben und gelassen saß der Uhu auf dem Fels und sah sie mit großen Augen an.

»Warum seid ihr so traurig?«, fragte der Uhu mit seiner warmen, gütigen Stimme. »Kann ich euch helfen?«

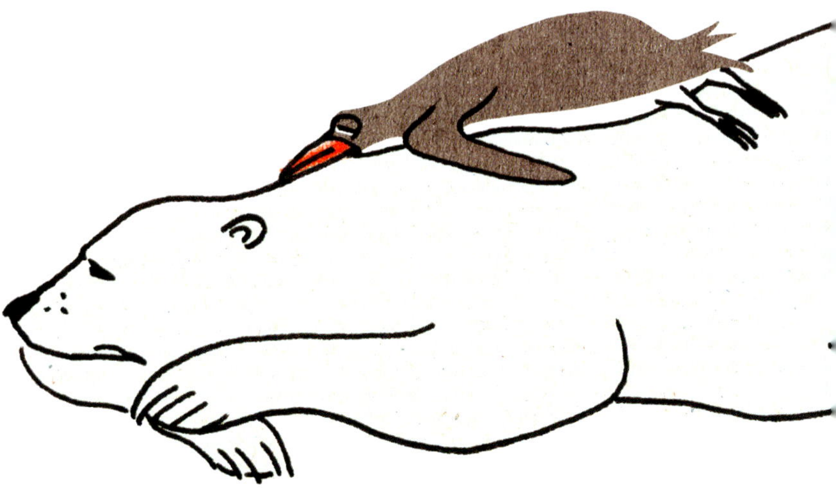

Und da setzten sich der Eisbär und der Pinguin zu dem Uhu neben seinen Felsbrocken und erzählten ihm ihre ganze Geschichte. Sie erzählten von der Wrangelinsel und vom Südpol. Sie erzählten vom Mittelmeer und von Kapstadt. Sie erzählten vom Geier und vom Lastwagenfahrer. Und sie erzählten, wie sie für sich und die anderen die Kälte von den Menschen zurückholen wollten, es aber nicht schafften.

Der Uhu hörte sich ihre Geschichte in aller Ruhe an. Ab und zu nickte er verständnisvoll. Hin und wieder stellte er eine kleine Frage, wenn er etwas genauer wissen wollte. Als der Eisbär und der Pinguin auch noch von der bewachten Tiefkühlfabrik erzählt hatten und ihre Geschichte damit zu Ende war, stöhnten sie und ließen die Köpfe hängen.

»Ich verstehe euch gut«, sagte der Uhu nach einer Pause bedächtig. »Ihr tragt eine gewaltige Last auf euren Schultern.«

Der Eisbär und der Pinguin nickten. Sie fühlten sich verstanden.

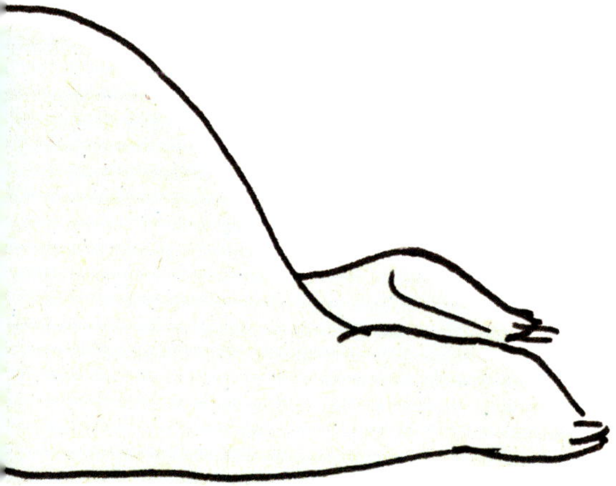

»Ihr könnt das alleine nicht schaffen«, fuhr der Uhu fort. »Die Last ist zu groß.«

Da seufzten der Eisbär und der Pinguin und ließen die Köpfe wieder hängen.

»Aber hört auf zu jammern. Verzagt nicht«, sagte der Uhu entschlossen. »Sondern sucht euch Verbündete!«

»Verbündete?«, fragte der Eisbär erstaunt.

Doch der Pinguin begriff sofort. »Wir brauchen noch viele, viele andere«, rief er. »Wir müssen viele, viele, viele sein.«

»Und wie sollen wir Verbündete finden, du Schlaukopf?«, grummelte der Eisbär und sah den Uhu fragend an.

Der Uhu schwieg einen Augenblick und wiegte seinen Kopf hin und her, als denke er intensiv nach.

»In der Stadt gastiert gerade ein großer Zirkus«, sagte der Uhu dann. Und machte anschließend wieder eine Pause.

»Ein Zirkus?«, fragte der Eisbär mürrisch. »Was sollen wir im Zirkus? Ich will nicht in einen Zirkus.«

»Warte, warte, warte«, bestürmte der Pinguin den Eisbären. »Lass ihn denken, denken, denken.«

»Geht zu den Tieren im Zirkus«, sagte der Uhu nach einer weiteren Pause ruhig und entschlossen. »Die Tiere im Zirkus sind auf eurer Seite. Und sie kennen auch die Menschen sehr genau. Sie wissen, wie schlau die Menschen sind. Aber sie wissen auch, wie man gegen die Menschen ankommen kann. Geht zu den Tieren im Zirkus und bittet sie um Hilfe!«

»Du hast recht«, sagte der Eisbär nachdenklich. »Die Tiere im Zirkus können uns helfen. Wir werden zu den Tieren im Zirkus gehen und sie zu unseren Verbündeten machen.«

»Danke, danke, danke«, überschlug sich der Pinguin freudig gegenüber dem Uhu. »Danke für deine Idee.«

Doch der Uhu schaute nur milde zu den beiden herüber. Dann breitete er seine Flügel aus und ohne sich zu verabschieden schwang er sich in die Lüfte. Schließlich verschwand er zwischen den Fichten nahe einer Felswand.

Der Eisbär und der Pinguin aber fassten wieder Mut. Sie beschlossen, zu der kühlen Gletscherspalte zu laufen und dort erst einmal richtig auszuschlafen. Am nächsten Abend, nach Einbruch der Dunkelheit, würden sie sich auf den Weg zum Zirkus machen. Dort würden sie Verbündete finden. Und gemeinsam würden sie stark sein.

7 Der Trick

Das siebte Kapitel, in dem eine Manege voller Tiere durcheinander quasselt und trotzdem eine unerhörte Idee entsteht. Der Eisbär verkündet einen Plan, und dem Pinguin wird klar, wie zahlreich und wie stark die Tiere gemeinsam sind, stark genug für einen Sprung, der die Welt aus den Angeln zu heben und die Menschen ins Schwitzen zu bringen vermag.

In der Manege war es dunkel. Nur ein einzelner Scheinwerfer gab ein schwaches Licht ab. Irgendjemand hatte vergessen, ihn auszuschalten. Die Sitzreihen waren leer, von der Loge über das Parkett bis zu den billigen Rangplätzen. Der Vorhang hinter der Manege war zugezogen und auf dem Orchesterpodium saß niemand. In der einen Ecke der Manege hatte man Trampoline, Schaukeln und Sprungbretter zusammengeschoben. In der anderen Ecke lagen Kegel, Kreisel, Reifen und Bälle herum. Es war weit nach Mitternacht.
Die Zirkusleute schliefen tief und fest.

Doch dann war ein leises Tapsen zu hören. Und ein Scharren, das näher kam. Schließlich ein Trampeln, ein Treten, ein Schnattern, ein Grunzen, ein Blöken, ein Piepsen, ein Brüllen,

ein Zischen, ein Bellen, ein Zwitschern, ein Heulen, ein Zirpen, ein Miauen, ein Gackern, ein Knurren.

Die Tiere kamen in das nächtliche Zirkuszelt. Der Eisbär hatte alle ihre Käfige aufgebrochen. Und so kamen die Elefanten und die Löwen, die Tiger und die Braunbären. Die Zebras begleiteten die Esel, und die Affen tollten mit den Seehunden herum. Die Schlangen schlichen sich herein. Ein Papagei flatterte durch das Zelt und setzte sich auf das Trapez. Der Leopard befahl dem Lama, sich in eine Ecke zu stellen. Die Pferde nahmen Plätze im Parkett ein, und einige Hyänen schlichen unauffällig zu den hinteren Rängen.

Aber auch unter den Tieren der Umgebung hatte sich in Windeseile die Nachricht verbreitet, dass sich alle im Zirkuszelt versammeln sollten. Und so schlichen sich Hauskatzen herein, und streunende Hunde kamen angetrottet. Vögel

setzten sich auf die Stuhllehnen in der Loge, und Mäuse liefen nervös durch die Manege. Meerschweinchen machten es sich auf den Rangplätzen bequem. Eine Eule setzte sich auf das Dirigentenpult auf dem Orchesterpodium.

»Bin ja mal gespannt«, sagte ein Löwe zu einem alten Elefanten, »wozu der Eisbär und der Pinguin uns hier alle zusammentrommeln.«

»Die Menschen treiben es schon lange zu weit«, entgegnete der alte Elefant. »Sie wissen nicht mehr, wann sie aufhören müssen. Sie haben verlernt, sich zu bescheiden. Es ist höchste Zeit, dass wir etwas unternehmen.«

Nach einer Weile war das ganze Zirkuszelt mit Tieren gefüllt. Sämtliche Sitzplätze waren besetzt. In der Manege wimmelte es von Kleingetier. Selbst auf dem Orchesterpodium war kein Platz mehr frei. Und alle redeten durcheinander.

»Die Menschen sperren uns hier weg«, beschwerte sich ein Zebra bei einem Esel. »Was fällt denen eigentlich ein?«

»Selber machen sie sechs Wochen Urlaub im Jahr«, motzte das Lama. »Fliegen überall auf der Welt mit ihren Flugzeugen herum, bloß aus Langeweile. Und wir? Bekommen wir mal Urlaub? Nicht mal unsere nächsten Angehörigen dürfen wir besuchen.«

»Bei meinen Verwandten in Südamerika«, zischte die Boa constrictor, »holzen die Menschen alle Wälder ab. Keiner von uns Tieren weiß mehr, wohin er gehen soll. Das haben mir die Insekten erzählt, und die Insekten wissen immer alles.«

»Unglaublich, langsam reicht es!«, empörte sich daraufhin ein Schimmel.

»Die Menschen hätten mal einen kräftigen Tritt in den

Hintern verdient«, brummte der Braunbär. »Aber wenn wir uns mal die Freiheit nehmen, werden wir gleich abgeknallt.«

»Oder eingeschläfert«, ergänzte ein Hund und schüttelte sich.

Nur die Affen beteiligten sich nicht an den Diskussionen im Zirkuszelt. Sie spielten erst mit dem einen leuchtenden Scheinwerfer, dann schalteten sie noch andere Scheinwerfer ein. Danach entdeckten sie die Kegel und Kreisel, die Bälle und Reifen und begannen, damit zu spielen.

Als der Eisbär und der Pinguin in die Mitte der Manege traten, herrschte ein ohrenbetäubender Lärm im Zirkuszelt. Alles schwatzte, quatschte, diskutierte. Und überall lief Kleingetier hin und her.

»Liebe Tiere, liebe Tiere, liebe Tiere«, begann der Pinguin und schlug hektisch mit den Flügeln. »Wir haben ein großes Problem, Problem, Problem.«

Doch keiner hörte ihm zu.

»Ihr müsst uns helfen, helfen, helfen«, schnatterte der Pinguin.

»RUHE!«

Der Eisbär brüllte ein Mal so laut er konnte durch das ganze Zirkuszelt. Schlagartig war es still. Alle Tiere sahen den Eisbären und den Pinguin nun mit großen Augen an.

»Holt doch ein Podest«, sagte da der alte Elefant. »Der kleine Schwarzweiße soll sich auf ein Podest stellen, wenn er hier reden will.«

Und sofort holte der Braunbär ein Podest aus der Ecke und stellte es in die Mitte der Manege. Der Pinguin hüpfte auf das Podest und begann seine Ansprache noch einmal von vorn, diesmal aber weniger aufgeregt. Er erzählte. Er erzählte von der Wrangelinsel und vom Südpol. Er erzählte, dass die Menschen die Kälte geklaut hätten und das Eis schmelze. Am Südpol schmelze es und am Nordpol schmelze es und an den Gletschern hier ganz in der Nähe schmelze es auch. Doch alleine hätten sie es nicht geschafft, den Menschen die Kälte wieder wegzunehmen. Wie viele Kühlschränke, Kühltruhen, Gefrierfächer, Kühltheken, Lagerhäuser und Kühllastwagen sie auch öffneten – sie hätten alleine keine Chance.

»Deshalb bitte, bitte, bitte«, redete der Pinguin, »helft uns, die Kälte zurückzuholen. Helft uns, die Kühlschränke zu öffnen und die Kühltruhen und die Gefrierfächer und die Kühltheken und die Lagerhäuser und die Eisfabriken. Helft uns, helft uns, helft uns!«

Da ging ein Ruck durch die Reihen, und alle riefen durcheinander.

»Ja!«

»Wir sind dabei!«

»Machen wir!«

»Wir helfen euch!«

Doch plötzlich erhob sich eine hässliche, rauchige Stimme von den hintersten Rängen. »So ein Quatsch!«, entfuhr es einer alten Hyäne. »Was soll dieser Schwachsinn?«

Und eine andere Hyäne, die eine noch hässlichere Stimme hatte, fügte hinzu: »Die Menschen sind viel zu mächtig. Da könnt ihr gar nichts machen.«

Im Zirkuszelt herrschte beklommenes Schweigen.

Da sagte ein Löwe zu den Hyänen: »Ihr da hinten, kommt mal nach vorne.«

Und die zerlumpten Hyänen mit ihren triefenden Mäulern und rotgeränderten Augen schlichen nach vorne. Als sie vor dem Podium des Pinguins standen, sagte die größte der Hyänen: »Es ist doch schön, wenn's wärmer wird. Wir fühlen uns dann wohler. Und wenn es mehr Hitzetote und mehr verdurstete Tiere gibt, haben wir auch mehr zu fressen ...«

Mit gierigen Blicken schauten die Hyänen durch die Reihen. Alle waren peinlich berührt. Alle schwiegen. Niemand regte sich.

Nur die Affen spielten weiter. Sie spielten mit den Kegeln und Kreiseln, den Bällen und den Reifen.

»Das ist zu schwierig, die Kälte rauszulassen«, sagte da der Schimmel. Und ein anderes Pferd meinte: »Den Menschen fällt immer was ein, uns wieder an die Kandare zu nehmen.«

»Man muss die Menschen überlisten«, sagte die Boa constrictor.

»Überlisten, überlisten«, wiederholte der Papagei.

»Die Menschen müssen zur Einsicht kommen«, behauptete der alte Elefant mit fester Stimme. »Wir müssen sie überzeugen, damit sie uns die Kälte von sich aus wieder zurückgeben. Gegen die Menschen läuft nichts.«

Alles schwieg und dachte nach. Nur die Hyänen feixten und tuschelten. Und die Affen spielten mit einem Kreisel.

»Was macht ihr da eigentlich?«, schnauzte der Eisbär die Affen an. Dieses alberne Spiel der Affen störte ihn schon die ganze Zeit. Er wollte in Ruhe nachdenken.

Nun aber schaute alles auf die Affen. Und wo diese nun so plötzlich im Mittelpunkt standen, spielten sie erst recht weiter. Sie brachten den Kreisel auf einem glatten Holzbrett in

Schwung. Der Kreisel drehte sich und drehte sich und drehte sich. Dann tippte einer der Affen den Kreisel kurz an. Er begann zu schlingern, er bekam eine gefährliche Schieflage. Doch dann richtete er sich wieder auf und drehte sich weiter und weiter.

»Schaut euch das mal an«, rief ein kleiner Affe mit frechem Gesicht. »Denkt doch nur: Der Kreisel dreht sich, genau wie die Erde. Wenn man sie so ins Schlingern brächte, dann verschöbe sich der Äquator.«

»Ja, genau«, sagte das Zebra. »Dann würde die Hitze Afrikas bis nach New York kommen!«

»Das würde den Menschen in New York ganz schön einheizen!«, meinte die Boa constrictor.

»Einheizen, einheizen«, wiederholte der Papagei. Und überall auf den Plätzen nickten die Tiere zustimmend. Nur die Hyänen lachten höhnisch und feixten und schüttelten die Köpfe.

Da schaute der Pinguin von seinem Podest in die große Runde. Plötzlich wurde ihm klar, wie viele sie waren. Nicht nur hier im Zirkus, sondern auf der ganzen Welt.

»Wir können das schaffen, wir können das schaffen«, schnatterte der Pinguin aufgeregt, und die anderen Tiere hörten ihm wieder zu. »Wenn alle Tiere gleichzeitig in eine Richtung springen, dann muss die Erde doch ins Schlingern kommen! Und dann verschiebt sich der Äquator nach New York. Und dann spüren die Menschen am eigenen Leib, wie uns Eisbären und Pinguinen zumute ist. Dann merken sie mal, wie schlimm die Hitze ist.«

»Ja, genau so machen wir es«, sagte der alte Elefant.

Und alle riefen durcheinander.

»Ja, ja!«

»Machen wir.«

»Tolle Idee!«

»Wir Insekten werden allen Tieren auf der Welt Bescheid sagen«, summte eine Biene. »Denn wir sind überall auf der Welt vernetzt.«

»Großartig!«, lobte der Braunbär.

»Aber alle Tiere müssen springen«, gab ein Tiger zu bedenken. »Und alle müssen auch richtig springen.«

»In die richtige Richtung«, präzisierte ein Straßenköter.

Da tippte der Eisbär dem Pinguin auf die Schulter und gab ihm mit seiner Tatze ein Zeichen, dass er Platz machen soll. Der Pinguin hüpfte vom Podest, woraufhin der Eisbär darauf stieg und sich in voller Größe aufrichtete.

»Also hört her!«, sagte der Eisbär mit lauter Stimme. »In genau hundert Tagen, wenn es in New York zwölf Uhr mittags ist, springen alle Tiere, bei denen es Tag ist, nach Norden. Und alle Tiere, bei denen es Nacht ist, springen nach Süden. Dann verschiebt sich der Äquator nach New York.«

»Hurra, hurra!«, zwitscherten da die Vögel und flogen sofort aus dem Zelt, um den anderen Vögeln Bescheid zu sagen. Und auch die Insekten und Mäuse und Ratten wurden sofort aktiv, um die Nachricht zu verbreiten.

Die Tiere in der Loge, im Parkett und auf den Rängen applaudierten dem Eisbären und dem Pinguin. Alle freuten sich und jubelten. Sie würden es den Menschen zeigen. Sie würden die Menschen selbst spüren lassen, was sie da mit den Tieren machen.

Nur die Hyänen schlichen sich unbemerkt aus dem Zirkuszelt. Sie ließen die Köpfe hängen, und Speichel troff ihnen aus den offenen Mäulern.

8 Die Folgen

Das achte Kapitel, in dem die Stimmung kippt, in dem aus Lähmung Wut und aus Wut Leidenschaft wird. Einer hat es nicht begriffen und wird überstimmt, und die Insekten verbreiten eine frohe Botschaft auf der ganzen Welt.

New York glühte. Am späten Vormittag meldeten die Fernsehstationen 53 Grad im Schatten. Doch die meisten New Yorker konnten schon seit Tagen nicht mehr fernsehen. In weiten Teilen der Stadt war der Strom ausgefallen. Als der Äquator näher und näher gekommen und es wärmer und wärmer geworden war, hatten die Menschen einfach ihre Klimaanlagen voll aufgedreht. Sie hatten immer und immer mehr Energie verbraucht, bis das Stromnetz unter der Last zusammengebrochen war. Nun konnten sich die Stadtbewohner gegen die Wärme nicht mehr schützen. Plötzlich funktionierte es nicht länger, einen Knopf zu drücken, um die Hitze verschwinden zu lassen.

Die Menschen in New York waren wie gelähmt. Alles schwitzte und stöhnte, von morgens früh bis abends spät. Niemand konnte mehr richtig schlafen. In der Mittagszeit war die Sonne über Manhattan wie eine riesige Herdplatte. Auf der Fifth Avenue liefen die Menschen in Badehosen und Bikinis herum, während sie sich mit Regenschirmen gegen die Sonnenstrahlen schützten. Auf der Suche nach Abkühlung stiegen am Nachmittag Hunderttausende in den East River wie indische Pilger in den Ganges.

Währenddessen stanken die Mülltonnen bestialisch. Ein saurer Fäulnisgeruch lag über der ganzen Stadt. Frisches Essen gab es kaum noch. Alles vergammelte. Knäckebrot, Kekse und Kartoffelchips waren zu den Hauptnahrungsmitteln geworden. Das Militär schaffte unablässig Wasser aus dem Norden des Landes herbei. Doch viele Tanklastwagen blieben im geschmolzenen Asphalt stecken. Und so hatten alle ständig Durst.

Auch der große Saal im Gebäude der Vereinten Nationen

war schon seit Tagen nicht mehr klimatisiert. Doch die Mehrheit der Diplomaten hatte beschlossen, die diesjährige Vollversammlung der UNO unter allen Umständen fortzusetzen. Und so hingen die meisten Gesandten schwitzend und keuchend in ihren Sesseln. Ein Mitglied der finnischen Delegation hatte irgendwann sein Hemd ausgezogen, worüber sich die Vertreter Ghanas eine Reihe dahinter leise amüsierten. Überhaupt behielten die Diplomaten aus den schwarzafrikanischen Ländern als einzige Haltung. Die dunklen Anzüge saßen wie immer, ja nicht einmal die Krawatten hatten sie gelockert.

Derart korrekt gekleidet, im dunkelblauen Anzug mit weißem Hemd und roter Krawatte, trat auch der Abgesandte eines kleinen afrikanischen Landes ans Rednerpult. Seine Heimat lag ganz nahe am Äquator – oder vielmehr dort, wo bis vor ein paar Tagen noch der Äquator gewesen war. Der Afrikaner ließ den Blick durch den Saal schweifen. Kein Europäer, Amerikaner oder Asiat hatte sich in den letzten Minuten zu Wort gemeldet. Alle wischten sich nur noch den Schweiß von der Stirn. Sie stöhnten und jammerten. Sie flehten bei den Saaldienern um mehr Wasser oder öffneten ihre Hemden noch ein Stück weiter. Da wusste der Afrikaner, dass dies seine Stunde war. Endlich würden die anderen ihm einmal uhören.

Bloß die Mücke unter dem Mikrofon bemerkte er nicht. Auf einer winzigen Hautschuppe machte sie sich Notizen. In einer Stunde würde eine andere Mücke sie ablösen. Dann flöge sie mit ihren Notizen zu einem Bienenschwarm im Central Park, der New Yorker Nachrichtenzentrale der Tiere. In kürzester Zeit würden dann auch die Tiere in Afrika und in der Schweiz, auf der Wrangelinsel und am Südpol wissen, ob und wie weit die Menschen ihre Lektion schon gelernt hatten.

»Da sitzen wir nun alle und schwitzen vor uns hin«, begann der afrikanische Gesandte seine Rede. »In unserem Land reden wir seit zwanzig Jahren über den Klimawandel. Aber ihr wolltet ja nicht auf uns hören. Ihr wusstet es ja besser. Und ihr hattet es so schön bequem in euren klimatisierten Häusern und Autos.«

Er blickte auf, schaute durch die Reihen und schüttelte den Kopf.

»Selbst zum Zigarettenholen an der nächsten Ecke musstet ihr mit dem Auto fahren. Noch die schmutzigste Kohle habt ihr in euren Kraftwerken verbrannt. Und sogar in Spitzbergen mitten im Winter sollte es die exotischsten Früchte zu kaufen geben.«

Da wurde der Afrikaner wütend.

»Und wie ging es uns zur selben Zeit? Das Wasser wurde knapp. Wir hatten furchtbare Dürren und Missernten. Tausende verließen ihre Heimat, weil die heimischen Böden nichts mehr hergaben. Und als die Flüchtlinge in die Regionen kamen, die noch fruchtbar waren, kam es zu schrecklichen Kriegen, ja zu Völkermorden.«

Dann verwandelte sich die Wut des afrikanischen Diplomaten in Leidenschaft.

»Lasst uns endlich gemeinsam handeln!«, rief er den Abgesandten aus aller Welt zu. »Noch ist es nicht zu spät umzukehren. Noch ist genug Zeit, das Schlimmste zu verhindern. Wir können es schaffen. Wenn wir nur gemeinsam nach Lösungen suchen. Ja, wir alle gemeinsam!«

Auf einmal waren alle im Saal hellwach. Der Delegierte aus Finnland zog sein Hemd wieder an. Und da stellte der Diplomat aus Afrika den anderen Gesandten seinen Plan vor. Er schlug vor, dass sich sofort ein neuer Rat mit Lösungen für ein Ende des Temperaturanstiegs auf der Erde beschäftigen sollte. Er sollte die gleichen Befugnisse haben wie der Sicherheitsrat. Und er könnte schon morgen mit seiner Arbeit beginnen.

Als der Afrikaner seine Rede beendet hatte, begannen alle zu klatschen. Und als der Sitzungspräsident den Antrag des Afrikaners zur Abstimmung stellte, hoben unter dem Blitzlichtgewitter der Journalisten alle, alle den rechten Arm.

Da kam die Mücke von der Unterseite des Mikrofons hervor und machte sich auf den Weg in den Central Park. Sie flog durch den Saal, in dem sich nun alle Diplomaten die Hände schüttelten und Reporter den Redner aus Afrika bestürmten. Sie flog durch die Gänge des Gebäudes, in denen überall Menschen in kleinen Gruppen zusammenstanden und diskutierten. Sie flog durch ein offenes Fenster hinaus in die Stadt, über der eine eigenartige Stille lag.

Bald wurde es dunkel, ein frischer Wind wehte von Long Island herüber, und der Neumond war eine feine Sichel am blauschwarzen Himmel New Yorks.

Wenige Tage darauf war es proppenvoll in dem riesigen, fensterlosen Konferenzsaal irgendwo im Hauptgebäude der UNO am East River. Schon zum vierten Mal eröffnete der afrikanische Diplomat eine Sitzung des Klimarats. Gleich zu Anfang hatte er darauf bestanden, alle Sitzungen öffentlich abzuhalten. Und so drängten sich Reporter und Fotografen,

Kameraleute und Tontechniker überall im Raum. Doch auch Banker von der Wall Street, Restaurantbetreiber aus dem East Village, Studenten von der Universität – alle möglichen Leute waren gekommen und wollten bei den Beratungen mit dabei sein. Sie ließen ihre Arbeit ruhen und stellten sich geduldig in die lange Schlange der Besucher, um für ein paar Minuten zuhören zu können.

Inzwischen hatten die Diplomaten über den Autoverkehr, den Schiffsverkehr, den Luftverkehr und den Schienenverkehr gesprochen. Sie hatten über die Chemieindustrie diskutiert und über die Energiewirtschaft. Sie hatten den Reisanbau besprochen und das Wasserproblem. Sie hatten sich gefragt, welche Dreckschleudern sofort abgestellt werden könnten und ob autofreie Sonntage sinnvoll wären. Sie beschäftigten sich mit allen Themen, die mit der Erwärmung der Erde zusammenhingen, und setzten zwei, drei, vier und noch weitere Kommissionen ein, die sich mit Einzelheiten befassen sollten.

Und während der Beratungen des Klimarats war der Saal voller Insekten. Da waren Mücken und Wespen, Fliegen und Schnaken. Es gab Bienen und Hummeln, Käfer und Bremsen. Es tummelten sich Ameisen und Libellen, Wanzen und Flöhe. Aber alle hielten sich gut versteckt. Sie waren unter Tischen und Stühlen, hinter Vorhängen und Gardinen. Sie krabbelten in Nischen und Fugen, Spalten und Ritzen. Und jede Kleinigkeit wurde über das Netzwerk der Insekten sofort weitergeleitet. Unter den Milliarden und Abermilliarden Insekten verbreitete sich jede Information so schnell, dass sie binnen Minuten jeden Punkt auf der Erde erreichte.

Als die Sitzung schon eine ganze Weile dauerte, kam aus

der ersten Reihe der Diplomaten plötzlich ein rüder Zwischenruf.

»Können wir jetzt endlich mal wieder zur Vernunft kommen?«, rief der Vertreter eines großen europäischen Industrielands ungeduldig in den Raum. »Das ist doch alles lächerliche Hysterie, was hier passiert!«

Schlagartig wurde es still im Raum. Der Vorsitzende erteilte dem Zwischenrufer das Wort.

Da erhob sich der korpulente Mann und sagte: »Was wollt ihr denn? Es wird doch schon wieder besser! Die Wärme lässt immer mehr nach. Ich habe soeben die Nachricht erhalten, dass die Tagestemperatur in New York heute schon auf 41 Grad gesunken ist. Na bitte!«

Dann setzte er ein überlegenes Lächeln auf und fuhr fort.

»Seht doch«, sagte der europäische Diplomat, »das alles war bloß eine Laune der Natur. Eine vorübergehende Erscheinung. In einer Woche werden die Temperaturen in New York wieder ganz normal sein. Es besteht überhaupt kein Grund zur Beunruhigung. Und mit Klimawandel hat das alles rein gar nichts zu tun. Das ist ein großer Irrtum, dafür gibt es überhaupt keine Beweise. Alle diese radikalen Maßnahmen, die wir hier gerade beschließen, sind völlig übertrieben und unnötig, weil ...«

Doch da erhob sich ein Sturm der Entrüstung im Saal. Die übrigen Diplomaten, die Journalisten, das Publikum, ja selbst die sonst immer schweigenden Saaldiener brüllten den Redner nieder. Alle riefen durcheinander.

»Der spinnt wohl!«

»Er hat's nicht begriffen!«

»Von wem ist der denn gekauft?«

»Wir müssen weitermachen!«

»Lasst uns weiter diskutieren, wir brauchen Lösungen!«

»Oder sollen wir alles Geld wieder nur für Waffen rausschmeißen?«

Und als der Vorsitzende über den Antrag abstimmen ließ, ob die Arbeit des Klimarats abgebrochen oder fortgesetzt werden soll, da stimmten alle Diplomaten bis auf den einen Europäer für die Fortsetzung.

»Liebe Leute, die Arbeit geht weiter«, sagte der Afrikaner. Und die Zuschauer im Saal klatschten und jubelten und lagen sich in den Armen.

Da waren auch die Insekten im Raum in heller Freude. »Es geht weiter, es geht weiter«, funkten die Mücken über den ganzen Globus. »Die Menschen ändern sich, sie geben uns die Kälte zurück!«, verbreiteten die Bienen überall. Und auch die Ameisen meldeten an jedem Ort auf der Erde: »Wir haben es geschafft, wir haben es geschafft, wir haben es geschafft!«

9 Das Fest

Das neunte Kapitel, in dem das Wort »Danke« im Mittelpunkt steht, der Eisbär und der Pinguin sich tief in die Augen schauen und bei all dem Feiern ein paar hässliche Randfiguren nicht vergessen werden.

Auf dem Kilimandscharo lag Schnee. Schon seit langer, langer Zeit hatte es hier oben keinen Schnee mehr gegeben. Doch nun waren tagelang dicke Flocken herunter gekommen, immer mehr und mehr, bis der heilige Berg wieder eine weiße Mütze hatte. Jetzt, als es aufgehört hatte, waren der Eisbär und der Pinguin ganz oben, und sie tollten herum wie Jungtiere.

Lachend wälzte sich der Eisbär in dem frischen Schnee. Juchzend stürzte sich der Pinguin in das Weiß, rutschte bäuchlings einen schneebedeckten Grat hinunter, und hüpfte dann wieder nach oben auf den Kamm des Grates.

Da traf ihn – wumm! – ein Schneeball. Der Eisbär lachte aus vollem Hals und formte mit seinen Vorderbeinen schon den nächsten Schneeball.

»Hör auf, hör auf, hör auf!«, rief der Pinguin erschrocken.

Doch da – wumm! – traf ihn schon der nächste Schneeball mitten ins Gesicht. Dem Pinguin blieb kurz die Luft weg, und seine Augen schmerzten. Aber er konnte dem Eisbären nicht böse sein. Nicht jetzt, wo sie endlich die Kälte zurückhatten.

»Die Kälte, die Kälte, die Kälte«, jubelte der Pinguin. »Die Kälte ist wieder da!«

Nun kam der Eisbär lachend auf den Pinguin zu. Er strahlte ihn an und reichte ihm die rechte Tatze. Und der Pinguin ergriff sie mit dem rechten Flügel. Und der Eisbär und der Pinguin schüttelten sich kräftig Tatze und Flügel. Dabei tanzten die Schneeflocken nur so um sie herum.

»Wie gut es war, gemeinsam den großen Sprung zu wagen und die Erde ins Schlingern zu bringen«, sagte der Eisbär

nachdenklich. »Wir beide allein hätten nie etwas erreicht.«

»Die Menschen mussten das Problem lösen, die Menschen, die Menschen«, meinte der Pinguin.

»Ja, und wir haben sie dazu gebracht«, sagte der Eisbär stolz. »Aber jetzt lass uns zu unseren Freunden gehen und mit ihnen feiern. Überall an den Hängen dieses großen Berges finden heute Partys statt. Die Tiere aus der ganzen Welt haben sich hier versammelt. Der Ursprung des Lebens soll hier irgendwo sein, sagen einige. Komm, lass uns zu den anderen Tieren hingehen!«

»Au ja«, schnatterte der Pinguin. »Party, Party, Party.«

Und so stiegen der Eisbär und der Pinguin langsam den Kilimandscharo hinab. Noch in der Gletscherzone kamen ihnen die Insekten entgegen. Mücken und Wespen, Fliegen und Schnaken, Bienen und Hummeln tanzten in der Luft. Die flinken Fliegen bildeten kunstvolle Formationen. Und dann umkreisten sie alle den Eisbären und den Pinguin. Ein heiteres Summen und Sirren lag in der klaren Bergluft.

»Ohne euch Insekten hätten wir es nicht geschafft«, sagte der Eisbär. »Ihr habt den Tieren auf der ganzen Welt von unserem Plan erzählt. Ihr habt die Botschaft bis in den letzten Winkel der Erde getragen. Und ihr habt immer alle auf dem Laufenden gehalten.«

Da summten die Insekten fröhlich durcheinander.

»War doch selbstverständlich.«

»Hat uns Spaß gemacht.«

»Jederzeit wieder.«

»Nur wer perfekt vernetzt ist und sich ständig austauscht, kann gemeinsam handeln«, sagte der Eisbär.

»Deshalb wart ihr so wichtig. Und deshalb möchten wir uns bei euch bedanken.«

»Danke, danke, danke!«, schnatterte der Pinguin.

Und die Insekten tanzten und summten und schwirrten und sausten und feierten fröhlich bis in die Nacht.

Da stiegen der Eisbär und der Pinguin den großen Berg weiter hinunter und kamen in die Geröllzone. Dort wurden sie von den Vögeln empfangen. Papageien und Eisvögel, Bussarde und Adler, Kolibris und Stare umkreisten sie mal höher, mal tiefer. Sie drehten Loopings und Pirouetten, machten Sturzflüge und schwangen sich dann wieder energisch in die Höhe.

»Ohne euch Vögel hätten wir es nicht geschafft«, sagte der Eisbär. »Auch ihr habt unseren Plan in die Welt getragen. Aber wir verdanken euch noch mehr. Ohne den gewitzten Geier hätten wir uns niemals aufgerafft, gemeinsam etwas zu unternehmen. Und ohne den weisen Uhu hätten wir aufgegeben statt uns Verbündete zu suchen.«

»War doch selbstverständlich«, krächzte ein Papagei.

»Hat uns Spaß gemacht«, zwitscherte ein Star.

»Ihr könnt jederzeit wieder auf uns bauen«, versprach ein Adler.

»Nur wer im richtigen Augenblick auf gute Ratgeber trifft, hat am Ende Erfolg«, sagte der Eisbär. »Niemand hat allein genug Ideen. Deshalb wart ihr so wichtig. Und deshalb möchten wir uns bei euch bedanken.«

»Danke, danke, danke!«, schnatterte der Pinguin.

Und die Vögel flatterten und sausten und kreisten und flitzten und feierten fröhlich bis in die Nacht.

Da kamen der Eisbär und der Pinguin in die Höhengraszone, wo Heidekraut blühte und duftende Kräuter in kleinen Büscheln gediehen. Hier erwarteten sie die Schlangen. Erst hielten sie sich in dem dichten Gras versteckt. Doch plötzlich kamen Nattern und Vipern, Ottern und Boas herangeschlichen. Es zeigten sich Klapperschlangen und Brillenschlangen, Mambas und Blindschleichen. Und dann hielten sie sich alle vor Freude eng umschlungen. Eine Boa constrictor umarmte eine Brillenschlange, und eine Mamba herzte eine Natter.

»Ohne euch Schlangen hätten wir es nicht geschafft«, sagte der Eisbär. »Ihr habt uns gesagt, dass wir schlau sein und die Menschen überlisten müssen. Und da haben wir gemerkt, wie wir uns noch so sehr anstrengen können, harte Arbeit allein aber nicht genügt. Wir verdanken es euch, nach einem Trick gesucht zu haben.«

»War doch selbstverständlich,« zischte die Boa constrictor.

»Hat unf Fpaf gemacht,« lispelte eine Blindschleiche.

»Jederzeit wieder,« schnurrte eine Klapperschlange.

»Nur wer bereit ist, auch mal einen Trick anzuwenden, kommt zum Ziel«, sagte der Eisbär. »Veränderungen muss man listig inszenieren. Deshalb wart ihr so wichtig. Und deshalb möchten wir uns bei euch bedanken.«

»Danke, danke, danke!«, schnatterte der Pinguin.

Und die Schlangen schlängelten und wandten und umschlangen und herzten sich und feierten fröhlich bis in die Nacht.

Beschwingt stiegen der Eisbär und der Pinguin noch weiter den Kilimandscharo hinab. Da kamen sie in den Nebelwald, wo sie duftende Zedern, edle Rosenholzbäume und mächtige Mahagonistämme fanden. Hier trafen sie die Affen, die schon seit Stunden eine ausgelassene Party feierten. Überall auf den Bäumen, an den Hängen und in Höhlen waren Paviane und Schimpansen, Gorillas und Gibbons, Klammeraffen und Kleideraffen, Orang-Utans und Magots. Sie schwangen sich von Ast zu Ast, spielten mit Gurken und Melonen, machten Musik auf hohlen Baumstämmen, knabberten Nüsse und tranken Brombeersaft.

»Ohne euch Affen hätten wir es nicht geschafft«, sagte der Eisbär. »Ihr habt einfach nur gespielt. Aber spielerisch seid ihr auf die entscheidende Idee gekommen. Wir hätten noch so angestrengt grübeln können und doch keinen dermaßen genialen Gedanken gehabt.«

»War doch selbstverständlich,« sagte ein großer Orang-Utan gutmütig.

»Hat uns Riesenspaß gemacht,« lachte ein Schimpanse.

»Jederzeit wieder,« kreischte ein Klammeraffe.

»Gute Ideen kann man nicht immer planen«, sagte der Eisbär. »Oft ergeben sie sich ganz zufällig, wenn man die Augen aufhält. Deshalb wart ihr so wichtig. Und deshalb möchten wir uns bei euch bedanken.«

»Danke, danke, danke!«, schnatterte der Pinguin.

Und da lachten und kreischten und juchzten die Affen. Sie lärmten und tollten und turnten und aßen und tranken und feierten fröhlich bis in die Nacht.

Der Eisbär und der Pinguin stiegen noch weiter den Berg hinab und kamen in die Feuchtsavanne. Hier trafen sie Elefanten, Büffel, Nashörner, Kudus, Leoparden, Gnus, Antilopen, Gazellen, Jaguare, Strauße, Löwen, Rinder, Geparde, Lamas, Zebras und noch viele, viele andere große und schwere Tiere.

Und alle, alle tanzten im Kreis, stampften fröhlich auf den Boden und lachten und freuten sich.

»Ohne euch große und schwere Tiere hätten wir es nicht geschafft«, sagte der Eisbär. »Ihr seid alle zur gleichen Zeit in die vereinbarte Richtung gesprungen. Nur weil ihr alle, alle mitgemacht habt, ist die Erde ins Schlingern gekommen und hat sich der Äquator verschoben. Ohne euch hätte der Trick nicht funktioniert.«

»War doch selbstverständlich,« murmelte ein alter Elefant.

»Hat Spaß gemacht, war mal was anderes«, blökte ein Rind.

»Ihr könnt euch jederzeit wieder auf uns verlassen,« versprach ein Löwe pathetisch.

»Man kann noch so gute Ideen haben«, sagte der Eisbär, »wenn sich nicht genügend Mitmacher finden, um sie umzusetzen, funktioniert keine einzige. Deshalb wart ihr die wichtigsten von allen. Und deshalb möchten wir uns bei euch bedanken.«

»Danke, danke, danke!«, schnatterte der Pinguin.

Und da nickten alle und lächelten und freuten sich über die Anerkennung.

Plötzlich krachte es. Der Eisbär und der Pinguin zuckten erschrocken zusammen. Am Himmel erschienen bunte Sterne, es knallte und knatterte, und ein herrliches Feuerwerk zauberte leuchtende Spuren, explodierende Blüten, grelle Farben und sprühende Funken in den blauschwarzen Abendhimmel. Der Eisbär und der Pinguin standen mit offenem Maul und Schnabel nebeneinander und schauten gebannt in den Himmel. Als die letzten Donnerschläge verhallten, brandete von allen Hängen des Kilimandscharo und aus der weiten Ebene Beifall und Hochrufe auf. Dem Eisbär und dem Pinguin traten Tränen in die Augen. Sie schauten sich um, winkten.

Dann sahen sie sich an und wussten, dass sie diesen gemeinsamen Moment nie vergessen würden. »Danke, Freund«, brummte der Eisbär. »Danke, danke«, flüsterte der Pinguin.

»Und jeeeetzt!«, der Eisbär grinste von einem Ohr bis zum anderen, »PAAAARTY!«

Alle Tiere tanzten und sprangen und trampelten und grölten und feierten fröhlich bis in die Nacht.

Es dämmerte, als der Eisbär und der Pinguin die Party hinter sich ließen und sich dem Tal näherten. Hier begann die Trockensavanne. Hier waren Dornbüsche und hohe Gräser und abgestorbene Bäume.

»Da ist was, da ist was, da ist was«, sagte der Pinguin plötzlich.

Diesmal glaubte ihm der Eisbär. Vorsichtig bahnten sich die beiden einen Weg durch das dichte, hohe Gras. Und da kamen sie zu einem großen, staubigen Krater. In dieser braunen, mit Sand und Schmutz gefüllten Vertiefung hatten sich die Hyänen vor den anderen Tieren versteckt. Dicht an dicht standen die Hyänen im Rudel zusammen. Sie hatten die Köpfe gesenkt und die Schwänze eingekniffen. Mit scheelen Blicken schauten sie sich um, ob sich jemand näherte. Als sie den Eisbären und den Pinguin entdeckten, blieben sie wie angewurzelt stehen und blickten verschämt in die andere Richtung.

Da ging der Eisbär zu der größten, ältesten und hässlichsten Hyäne und packte sie am rechten Ohr.

»Ihr habt uns ja ganz schön zu schaffen gemacht«, grollte der Eisbär und zog einmal kräftig am Ohr der Hyäne. »Aber Schwamm drüber«, brummte er dann und ließ die Hyäne wieder los.

»Wollt ihr demnächst nicht lieber mitmachen, mitmachen?«, fragte der Pinguin die Hyänen.

Da schauten die Hyänen den Eisbären und den Pinguin neugierig an.

»Mitmachen?«, fragte die alte Hyäne skeptisch. »Wozu sind wir denn noch gut?«

»Wir hätten auch für euch eine wichtige Aufgabe«, sagte der Eisbär. »Patrouilliert am Rande der Wüste und passt auf, dass die Wüste nicht wieder wächst. Bei den ersten Anzeichen dafür, gebt Bescheid!«

Da schauten sich die Hyänen an, und dann nickten sie und dann waren sie begeistert.

»Das machen wir selbstverständlich,« sagte die alte Hyäne.

»Es wird uns Spaß machen,« meinte eine andere.

»Ihr könnt euch ab sofort auf uns verlassen,« versprach eine dritte.

Und da freuten sich auch die Hyänen. Sie gingen zu den Tieren in der Feuchtsavanne und feierten fröhlich mit ihnen.

Der Eisbär und der Pinguin aber marschierten weiter durch die trockene Savanne. Sie waren glücklich und zufrieden, denn sie hatten ihr Ziel erreicht. Nun war es an der Zeit, sich auf den Weg nach Hause zu machen.

Und während der Eisbär und der Pinguin sich aufmachten und die übrigen Tiere feierten, kreiste weit, weit oben in der Luft ein Vogel über dem Geschehen. Es war der Geier. Die ganze Zeit hatte er das Geschehen beobachtet. Jetzt konnte er sich ein Grinsen nicht verkneifen.

10 Die Zukunft

Das zehnte Kapitel, in dem Gemeinsamkeit zur Normalität wird. Zwei Helden kehren an den Ausgangspunkt zurück, werden vom Macher zum Führer und bleiben in Verbindung. Und die Geschichte endet.

Noch eine ganze Weile wanderten der Eisbär und der Pinguin gemeinsam. Und als sie so durch die Savanne marschierten, kamen sie eines Morgens an einen verdorrten Baum. Erst blieb der Pinguin stehen. Dann hielt auch der Eisbär inne. Und da erkannten sie beide den Baum wieder. Dort oben hatte der Geier gesessen, sie erst ausgelacht und ihnen dann einen Tipp gegeben. Da hinten war der Affenbrotbaum, wo sie den Pavianen und den Antilopen zugeschaut hatten. Hier ganz in der Nähe musste die Stelle sein, an der sie sich einst begegnet waren.

»Nun sind wir wieder da, wo wir uns zum ersten Mal getroffen haben«, sagte der Eisbär. »Wir sind am Äquator.«

»Und jetzt muss ich wieder in den Süden, Süden«, sagte der Pinguin.

»Und ich mache mich von hier auf den Weg zurück nach Norden«, entgegnete der Eisbär. Da schaute der Pinguin den Eisbären an und seufzte. Und der Eisbär sah den Pinguin an und zuckte die Schultern. Und dann herzte der Eisbär den Pinguin noch einmal ganz, ganz vorsichtig.

»Mach's gut«, sagte der Eisbär dann.

»Du auch, du auch«, erwiderte der Pinguin.

»Wir bleiben in Verbindung«, versprach der Eisbär.

»Die Insekten«, sagte der Pinguin. »Und die Vögel, die Vögel werden unsere Nachrichten von Pol zu Pol tragen. Und so halten wir auch mit allen anderen Tieren den Kontakt.«

»Ja, und alle Tierarten werden Teams bilden«, sagte der Eisbär stolz. »Die Teams werden überall aufpassen, dass die Erde nicht noch einmal in Gefahr gerät. Und sie werden regelmäßig einander berichten.«

»Gute Reise, gute Reise«, sagte der Pinguin schließlich.

»Komm gut nach Hause«, entgegnete der Eisbär.

Da kehrten der Eisbär und der Pinguin einander den Rücken zu. Und der Eisbär trottete vergnügt in Richtung Norden, durchquerte die Wüste, durchschwamm das blöde Mittelmeer, ging all den vielen Menschen in Europa aus dem Weg und kam schließlich zurück auf die Wrangelinsel. Der Proviant, den die Affen für ihn in einen Rucksack aus Grasgeflecht gepackt hatten, war so köstlich und so reichhaltig, dass er nirgendwo unterwegs Hunger leiden musste.

Währenddessen watschelte der Pinguin fröhlich in Richtung Süden. Auf dem Weg besuchte er die Pinguine, die im Zoo von Kapstadt geblieben waren. Sie hatten sich die ganze Zeit furchtbar gelangweilt. Von den Menschen wurden sie täglich mit allem versorgt – aber es gab nichts zu tun, keine Herausforderungen. Und als der Pinguin ihnen von seinen Abenteuern erzählte, da beschlossen sie, mit ihm zurück nach Hause zu gehen. Und so waren die Pinguine schon wieder eine Gruppe von einem halben Dutzend, als sie am Kap der guten Hoffnung ins Meer sprangen und zurück zur Antarktis schwammen. Diesmal erwischte sie kein Raubtier, diesmal erreichten sie alle gesund und glücklich ihr Ziel.

Monate später am Südpol. Ein eisiger Herbststurm fegte über die endlose Weite der Antarktis. Hundert, fünfhundert, tausend Pinguine zogen dicht an dicht in Richtung Meer. Entschlossen und mit erhobenen Köpfen watschelten sie dahin, Schritt für Schritt, Meter für Meter, Kilometer für Kilometer. Der Wind pfiff nur so durch ihre Reihen, und die Eiskristalle prasselten auf ihr dichtes, schwarzweißes Gefieder. Aber das alles machte ihnen nicht das Geringste aus.

»Wir wandern, wir wandern«, trällerte einer in Reihe sechsundneunzig.

»Bei Wind und Wetter, bei Wind und Wetter!«, ergänzte der Hintermann in Reihe siebenundneunzig.

»Andere Tiere haben es auch nicht besser«, wusste einer in Reihe fünfunddreißig.

»Nie wieder will ich in den Zoo, nie wieder!«, rief einer in Reihe hundertvier.

Nach Stunden beschwerlichen Marsches lag das offene Meer vor ihnen. Der Sturm hatte sich verzogen, und ein wolkenloser Himmel verlieh der Wasseroberfläche ein tiefes Dunkelblau. Wie immer hatten die Pinguine Angst, ins Wasser zu springen. Doch der Pinguin mit dem orangefarbenen Fleck auf dem Bauchgefieder atmete nur zwei oder drei Mal tief durch, dann stürzte er sich mutig in die Fluten. Und als er eingetaucht war, sprangen hundert, fünfhundert, tausend Pinguine hinterher.

Da jagten sie nach Krebsen und Kleingetier. Und sie fanden so viel davon, dass sie beim Schwimmen nur die Schnäbel offen halten mussten, um ihre Beute einzufangen. Vergnügt sausten sie durch das Wasser und fanden einen leckeren Bissen nach dem anderen. Stunden später, als auch der letzte mit einem meterhohen Satz zurück auf das eisbedeckte Festland gesprungen war, standen die Pinguine dicht beisammen und warfen einander zufriedene Blicke zu. Dann machten sie sich alle auf den Weg zurück zur Kolonie.

Nur der Pinguin mit dem orangefarbenen Fleck auf dem

Bauchgefieder setzte sich auf einen vereisten Felsblock. Er wollte den Augenblick noch ein wenig genießen.

»Geht mal vor«, sagte er zu den anderen. »Ich komme später.«

Kein anderer Pinguin hätte es sich erlauben können, so aus der Reihe zu tanzen. Aber der Pinguin mit dem orangefarbenen Fleck war der Held der Kolonie. Er war auf einer langen Reise gewesen und hatte die Kälte wiedergefunden. Deshalb durfte er jetzt mehr als ein einfacher Pinguin. Alle anderen kamen jetzt mit ihren Fragen häufig zu ihm, fanden Rat und konnten an seinen Erfahrungen teilhaben.

Und als der Pinguin so über das offene Meer bis zum Horizont schaute und sich an all die Abenteuer auf seiner großen Reise erinnerte, kam ein Albatros herbeigeflogen.

»Ich grüße dich«, keuchte der Albatros, als er nach einer Bauchlandung neben dem Pinguin lag.

»Setz dich her, setz dich her«, entgegnete der Pinguin freudig.

Und da setzte sich der Albatros neben den Pinguin auf den Felsbrocken und berichtete ihm, was es anderswo auf der Welt an Neuigkeiten gab.

»Das Tiger-Team kümmert sich um den Artenschutz«, berichtete der Albatros. »Dabei wird es jetzt noch von den Bisons unterstützt.«

»Prima, prima«, schnatterte der Pinguin begeistert.

»Und von den Hyänen soll ich dir einen ganz besonderen Gruß bestellen«, fuhr der Albatros fort. »Die Zebras helfen ihnen jetzt beim Patrouillieren am Rande der Wüste.«

»Dann grüßt ihr Vögel bitte den Eisbären auf der Wrangelinsel«, sagte der Pinguin. »Sagt ihm, hier läuft alles bestens. Wir haben wieder genug zu essen.«

Und als der Albatros sich wieder in die Lüfte schwang, um die Botschaft des Pinguins nach Norden zu tragen, machte der Pinguin mit dem orangefarbenen Fleck sich auf den Weg zurück zur Kolonie. Er war zufrieden – und ja, zum ersten Mal in seinem Leben war er auch ein wenig stolz auf sich.

Zur gleichen Zeit auf der Wrangelinsel. Dieses Jahr ließ der Frühling lange auf sich warten. Noch immer war es knackig kalt. Nur der Sonnenstand zeigte den Eisbären an, dass es Zeit war, die Insel zu verlassen, um den Sommer im Norden zu verbringen. Der Eisbär mit der schwarzen Strähne auf der Stirn stand am schneebedeckten Strand und rülpste. Nach einer ausgedehnten Robbenmahlzeit wischte er sich satt und zufrieden die Blutspuren vom Maul. Noch einmal hatte er sich so richtig gestärkt, bevor er sich morgen mit den anderen auf den Weg nach Norden machen würde. Dort fänden sie wieder den ganzen Sommer über reiche Beute.

Doch vor dem Aufbruch wollte er den alten Eisbären besuchen. Würde er noch einmal mitkommen oder diesmal zu Hause bleiben? Vergnügt trottete der Eisbär durch die weiße Landschaft. Überall wurde er respektvoll gegrüßt. Er galt nun als der Held der Insel, denn er war auf einer langen Reise gewesen und hatte die Kälte wiedergefunden.

Und so kam der Eisbär schließlich zur Höhle des Ältesten. Er stand am Eingang und klopfte mit der rechten Tatze vorsichtig an einen Eiszapfen.

»Komm herein«, brummte der alte Eisbär. »Ich habe dich schon erwartet.«

Der Älteste saß tief in seiner Eishöhle, die Hinterbeine eingezogen, die Vorderbeine ausgestreckt. Aber er sah müde aus. Er reichte seinem Gast frisches Eiswasser und sah ihn mit seinen dunklen Augen an.

»Endlich kommen wir wieder alle sicher nach Norden«, sagte der Eisbär mit der schwarzen Strähne stolz. »Wirst du dieses Jahr auch mitkommen?«

»Nein, nein«, stöhnte der alte Eisbär. »Ich bin schon zu alt. Aber du geh mit den anderen. Sie hören jetzt alle auf dich. Und das ist gut so. Aber einige wichtige Dinge muss ich dir noch anvertrauen, wenn du jetzt mein Erbe antrittst.« Und beide saßen noch lange beisammen. Der Alte raunte dem Jungen Geheimnisse zu, die niemand sonst je gehört hatte, und der Eisbär mit der schwarzen Strähne auf der Stirn lauschte still und aufmerksam.

»Morgen machen wir uns also auf den Weg«, unterbrach der junge Eisbär die lange Pause, nachdem der Alte geendet hatte. »Das Wetter ist günstig. Das Packeis ist dicht und es gibt viele Schollen, auf denen wir uns ausruhen können.«

»Warte, ich habe noch eine letzte Nachricht für dich bevor du gehst«, sagte der Alte. »Eine Möwe war hier und hat dich gesucht. Sie wollte dir etwas mitteilen. Ich habe ihr gesagt, sie könne ihre Botschaft auch bei mir hinterlassen.«

»Und was hat die Möwe gesagt?«, fragte der Eisbär neugierig.

»Der Pinguin lässt dich schön grüßen, alles läuft bestens, es gibt genug zu essen«, sagte der Alte und legte die Stirn in Falten. Die Nachricht kam ihm etwas komisch vor, aber sie wurde schon ihre Richtigkeit haben. »Außerdem«, fuhr der alte Eisbär fort, »unterstützen jetzt die Fische die Vögel und die Insekten beim weltweiten Nachrichtenaustausch. Damit funktioniert die Übertragung noch viel schneller.«

»Großartig«, freute sich der Eisbär. »Die Fische sind also endlich auch mit dabei.«

»Gemeinsam geht's halt besser«, sagte der alte Eisbär weise.

»Gemeinsam geht's besser?«, wiederholte der Eisbär. Er stutzte. Und dann lachte er lauthals. Vor seinem inneren Auge sah er den Geier. »Wenn du wüsstest, von wem ich das zum ersten Mal gehört habe! Und wie ich da geschwitzt habe! Aber es stimmt.«

ENDE

Nachwort

Was lässt einen Unternehmensberater eine Fabel schreiben? Ich weiß nicht, ob Sie hin und wieder mit Vertretern unserer Zunft zu tun haben. Normalerweise beschäftigen sich Unternehmensberater mit so nüchternen Dingen wie Geschäftsprozessen, Umstrukturierungen oder Weiterbildungsprogrammen in Unternehmen. Dabei tragen wir dunkle Anzüge und zeigen den Leuten gern allerlei Folien mit Zahlen, Daten und Fakten. Und wenn jemand wie ich Bücher schreibt, dann sind das in aller Regel Fachbücher in einem eher wissenschaftlichen Stil. Warum hat es mir da die Geschichte vom Eisbären und dem Pinguin bloß so angetan?

Diese Frage stand in den letzten Wochen immer wieder vor meinem geistigen Auge. Als ich mit dem Schreiben anfing, während ich die Geschichte in allen Einzelheiten ausmalte und auch jetzt noch, da das Ergebnis vor mir liegt. Klar, ich habe da so eine alte Neigung zu Geschichten und zum Geschichtenerzählen. Ich bin meiner früh verstorbenen Mutter heute noch dankbar, dass sie meine Lesewut immer gefördert hat. Und dass sie die spinnerten Geschichten gut fand, die ich schon als Junge pausenlos erzählt habe. Okay, vielleicht fand sie auch nicht alle Geschichten gut. Jedenfalls hat sie nie etwas dagegen gesagt, und das ist bei Müttern doch eher selten.

Oder habe ich heute vielleicht zu viel Zeit und weiß vor lauter Langeweile nichts mit mir anzufangen? Mein Terminkalender spricht da eine andere Sprache. Der quillt meistens über, und hätte ich nicht wunderbare Mitarbeiter, die mich

unterstützen, wüsste ich kaum, wie ich den Zeitplan im Griff behalten soll. Eine Antwort auf die Frage, warum Unternehmensberater sich auch mit Tiergeschichten beschäftigen sollten, fand ich bei einem französischen Dichter des 17. Jahrhunderts, Jean de La Fontaine, einem Freund Molières.
Er schreibt an Herrn von Barillon über die Macht der Fabel:

Man sagt, die Welt ist alt.
Ich glaub' es;
doch gewinnt nur,
wer sie unterhält,
als wäre sie ein Kind.

Als ich das las, fiel es mir wie Schuppen von den Augen. Die besten Ideen, die ausgefeiltesten Pläne, die wirkungsvollsten Konzepte taugen nichts, wenn man sie nicht so formulieren kann, dass Menschen sie mit Kopf und Herz verstehen.
Ja, die ernste Botschaft mit einer Geschichte für das Kind im Erwachsenen vermitteln – das ist es! Und jedem akademischen Kritiker halte ich trotzig entgegen: Wenn du den Sinn und die Botschaft in »Der Eisbär und der Pinguin« nicht findest, dann hat dir dein Studium nicht viel genützt. Da geht es dir vielmehr wie Goethes Faust am Beginn der Tragödie, erster Teil:

Habe nun, ach! Philosophie,
Juristerei und Medizin;
Und leider auch Theologie
Durchaus studiert, mit heißem Bemüh'n.
Da steh' ich nun, ich armer Tor,
Und bin so klug als wie zuvor!

Also, die Fabel vom Eisbären und dem Pinguin ist nicht nur irgendeine banale Geschichte. Ich habe darin eine ganze Menge von dem versteckt, was ich aus Jahrzehnten wissenschaftlicher Forschung und praktischer Arbeit als Führungskraft und Unternehmensberater über Veränderungsprozesse, soziale Konflikte und Gemeinsamkeit als Lösungsweg weiß. Und ich wünsche mir, dass diese Gedanken für möglichst viele Leser in ihrem Leben hilfreich sind. Und zwar sowohl im persönlichen Bereich als auch bei beruflichen Fragen.

Egal, ob es Beamte in einer Behörde, Ingenieure in einem Unternehmen der Großindustrie, Meister im eigenen Handwerksbetrieb, Familienoberhäupter an einem großen Abendbrottisch, Vorstandsmitglieder in einem gemeinnützigen Verein oder Manager in der Chefetage einer Bank sind – alle Menschen, die irgendwo und irgendwie Verantwortung tragen, stoßen immer auf die gleichen Fragen. Wie komme ich sicher zum Erfolg? Wie motiviere ich Kollegen und Mitarbeiter? Wie behalte ich die ständigen Veränderungen im Griff? Wie mache ich Teams leistungsfähig? Wie komme ich aus scheinbar ausweglosen Situationen wieder heraus?

Wenn man den einzelnen Kapiteln der Fabel folgt, könnte man glauben, hier ein Rezept vorzufinden, mit dem man die Welt verändern kann:

Schritt 1: Wenn es ein Problem gibt – gehe los, beweg dich, mach etwas, irgendwas. Das führt fast immer einen Konflikt herbei – gut so! Denn Stillhalten bedeutet fast immer Niederlage oder Untergang. Und endloses Planen verhindert das Handeln bevor es beginnt.

Schritt 2: Ist der Konflikt da – denk nicht nur an dich! Erliege nicht der Versuchung, nach dem schnellen, nahe liegenden, egoistischen Vorteil zu greifen. Du musst den Gegensatz aushalten.

Schritt 3: Verändere deine Haltung: Dein Gegenüber ist nicht dein Gegner, er ist nur anders als du. Gut, dass er anders ist, denn dann könnt ihr euch gegenseitig bereichern. Begrabe deine Vorurteile. Denke den anderen mit!

Schritt 4: Verbünde dich ausdrücklich mit dem Anderen – mit dem Ziel, gemeinsam die Lösung für das gemeinsame Problem zu finden. Schließt einen Bund!

Schritt 5: Blickt man gemeinsam auf das Ganze, dann ergibt sich daraus eine ganz neue Perspektive auf das bekannte Problem. Plötzlich kannst du die Lösung sehen. Noch nicht greifen, aber sehen.

Schritt 6: Der Weg zum Ziel führt fast nie geradeaus – trotzdem musst du ihn gehen. Wenn du in den Mühen der Ebene angelangt bist, zählt nur eines: Durchhalten! Bleibe fest und gehe weiter! Nimm Ratschläge an. Such dir einen Coach, der dein Handeln aus einer unabhängigen Perspektive betrachtet.

Schritt 7: Wenn du willst, dass sich Menschen bzw. Organisationen verändern, dann höre auf, sie »per Anweisung« verändern zu wollen. Das funktioniert nicht. Stattdessen inszeniere die Veränderung – so dass die Menschen sich von selbst

ändern wollen! Beziehe viele in die Lösungsfindung ein. Gehe auch ungewöhnlichen Vorschlägen nach, bis du den Trick findest, der alles ändert.

Schritt 8: Wenn der Trick greift, brauchst du nichts mehr tun. Mische dich nicht ein. Die Sache läuft ohnehin, die Würfel sind gefallen. Warte einfach ab, bis sich der Erfolg von selbst einstellt. Habe Geduld!

Schritt 9: Ist der gemeinsame Erfolg da: Feiert ihn – gemeinsam!

Schritt 10: Gemeinsam am Ziel angelangt gilt es, über das Ziel hinauszusehen. Lasst die Gemeinsamkeit zur Kultur werden, vom Ausnahmefall zur Normalität.

Ein Rezept? Sieht so aus. Aber hier muss ich wirklich zur Vorsicht mahnen. Oft genug führt die Anwendung von Rezepten nämlich nicht zum gewünschten Erfolg. Der eine Fall liegt eben nicht so wie der andere. Auch ein guter Arzt (wohlgemerkt: ein guter!) wird nicht jedem Patienten auf die gleichen Symptome hin die gleichen Medikamente verordnen. Er wird sich stattdessen bemühen, die Hintergründe der Krankheit ans Licht zu bringen.

Und so gibt es auch auf die Fragen, die mit Menschen zu tun haben, mit den Handlungen und Unterlassungen, den Leistungen und Schwächen von Menschen in Gesellschaften, Unternehmen, Teams oder Familien nie pauschale Antworten. Natürlich nicht! Dazu muss man sich den jeweiligen Einzelfall ganz genau ansehen. Als Unternehmensberater, Coach und Managementtrainer kenne ich die Vielfalt der Gemengelagen nur allzu gut. Als Systemtheoretiker weiß ich aber auch, dass es bestimmte Prinzipien gibt, nach denen man sich bei der Suche nach den Antworten richten kann. Und um einige dieser Prinzipien geht es in der Fabel vom Eisbär und vom Pinguin. Im Mittelpunkt steht das wichtigste Prinzip: Gemeinsamkeit.

Mit solchen Prinzipen habe ich mich in meinem Buch »Wandel verstehen« theoretisch beschäftigt. In dem Buch »Drei Oscars für den Chef – Drehbuch für erfolgreiche Führungskräfte« ebenfalls, obwohl es dort schon wesentlich praktischer zugeht. Dazu habe ich mir eine amüsante Geschichte rund um den fiktiven Hollywood-Regisseur Gatsby Fitzgerald ausgedacht und knüpfe daran viele Beispiele von erfolgreichen und manchmal auch weniger erfolgreichen Veränderungen in Unternehmen. Denn ich sage: Management – das ist wie die Inszenierung eines Films! Aber erst hier, in dieser fabelhaften Geschichte über die Rettung der Erde durch den Eisbären und den Pinguin gibt es Story pur. Darin sind einige der Prinzipien des Wandels so eingewoben, dass sicher jeder etwas damit anfangen kann.

Ich will Ihnen auf den nachfolgenden Seiten keine erschöpfende Interpretation der Fabel liefern. Ich möchte nur einige wenige, mir besonders wichtige Aspekte herausgreifen. Alle weiteren Auslegungen überlasse ich gern Ihnen als Leser – in der Gewissheit, dass jeder von Ihnen der Geschichte noch viele interessante und für eigene Entscheidungen hilfreiche Seiten abgewinnen wird. Jeder mag dabei etwas anderes entdecken, abhängig von den Fragen, die ihn gerade beschäftigen.

Wir holen uns ja überall immer die Antworten, die uns für unsere Fragen gerade passend erscheinen.

Bei meiner Auswahl der wichtigsten Aspekte habe ich mich von meinen Erfahrungen als Berater leiten lassen. Es gibt nämlich bei allen großen Herausforderungen einige Prinzipien, die uns besonders stark am Erfolg hindern, wenn wir sie nicht beachten.

Bereits die Beschäftigung mit dem Klimawandel als Thema der Fabel deutet auf ein Prinzip hin, nämlich das »Prinzip Optimismus«. Keine Aufgabe ist zu groß, um sie nicht anzugehen. Auch wenn es noch so schwierig scheint, es gibt immer eine Lösung. Das Wort »unmöglich« gehört für alle Zeiten aus dem Wortschatz der Menschen getilgt. Die Menschheitsgeschichte ist voller Beispiele dafür, dass dieses Optimismusprinzip stimmt. Die Pyramiden und die Mondlandung, die Handys und die Mikrochirurgie, die Besteigung des Mount Everest, die Atlantiküberquerung im Ruderboot, die »ewige« Jugend von Tina Turner oder die Anzahl der Verbesserungsvorschläge pro Mitarbeiter bei Toyota – alles das und vieles mehr wurde irgendwann einmal für unmöglich gehalten. Und dann ist es trotzdem eingetreten.

Also müssen wir doch endlich kapieren, dass es ein »Unmöglich« nicht gibt. Es ist eine Lüge, um uns einzuschüchtern oder um Veränderungen einfach nur zu behindern. Der Eisbär und der Pinguin lassen sich da nicht beirren. Sie gehen einfach los. Und als es dann im Verlauf der Fabel immer schwieriger wird, machen sie dennoch weiter. Sie bleiben dran, selbst nachdem alle bisherigen Versuche gescheitert sind. Als die Hyänen sie auslachen und alles zu missraten droht. Sie machen weiter, auch wenn sie keine Ahnung davon haben, wie weit der Weg noch ist. Dass der rettende Einfall kurz bevor steht, wissen sie nicht. Sie glauben einfach daran, dass sie die Kälte wiederfinden können und dass es möglich ist, ihre Welt zu retten.

Dann ist da das »Prinzip Pragmatismus«. Es ist in der Dramaturgie der ganzen Fabel verankert. Der Eisbär und der Pinguin werden sozusagen von Pragmatismus getrieben. Sie tüfteln nicht stundenlang an irgendwelchen Zukunftsplänen. Natürlich haben sie eine Vorstellung davon, in welche Richtung sie ungefähr marschieren sollten. Aber es ist ihnen wichtiger, überhaupt loszugehen, als erst stundenlang zu debattieren, wohin.

Der Eisbär wendet sich nach seiner »Initiation« durch den alten Eisbärenhäuptling nach Süden, ins Ungewisse. Der Pinguin springt nach einigem Zögern von der Eiskante und schwimmt nach Norden, ebenfalls ins Ungewisse. Nach ihrem Zusammentreffen am Äquator folgen die beiden erst einmal einem hellen Stern. Das ist sicher vom Zufall bestimmt, weil sie nämlich überhaupt noch keine Idee haben, wo sie suchen sollen.

Aber wenn der Eisbär und der Pinguin unter dem Baum in der Savanne sitzen bleiben, ist nur eines gewiss: Sie werden verdursten und verhungern. Und dann käme der Geier doch noch zu seinem Festmahl. Also tun sie das Nächstliegende – sie gehen los, in der Hoffnung, erst mal etwas zu Essen zu finden. Dahinter steckt das Erfolgsprinzip »Tue den ersten Schritt«.

In den Workshops, die am Beginn jedes Veränderungsprojekts in Unternehmen stehen, beherzigen meine Mitarbeiter und ich dieses Erfolgsprinzip des ersten Schrittes dadurch, dass zu jeder Maßnahme, zu jeder Aktion und zu jeder zu lösenden Teilaufgabe akribisch notiert wird, was zuerst, gleich morgen früh oder am kommenden Montag, zu tun ist und von wem.

Die Verpflichtung des Einzelnen auf diesen ersten Schritt trägt fast schon rituelle Züge – weil es so extrem wichtig ist, dass eben genau der erste Schritt auch gemacht wird. Ohne den ersten Schritt kommt man mit Sicherheit nie ans Ziel. Dafür nehme ich mitunter sogar in Kauf, dass der Schritt zunächst in die falsche Richtung geht. Das kann man später immer noch korrigieren. Aber er ist der Wichtigste in der langen Reihe der Schritte zum Erfolg.

Ich höre hier schon wieder die ewigen Bedenkenträger: »Das ist doch trivial, was soll das?« Aber die Erfahrung lehrt eben, dass Menschen lieber stunden- und wochenlang über die richtige Richtung debattieren, statt sich einfach mal zu bewegen. Sie machen sich vor, mit Reden schon aktiv zu verändern, können tolle Ideen vorweisen und schreiben seitenweise Planungspapiere voll. Bloß passiert ist in Wirklichkeit noch nichts. Und glauben Sie bitte nicht, dass nur Politiker das so machen! Nein, auch in Unternehmen, besonders in Großunternehmen, ja in jeder größeren Organisation ist das weit verbreitet. Deshalb ist es so wichtig, den ersten Schritt auszulösen, ihn manchmal sogar zu erzwingen.

Zum »Prinzip Pragmatismus« gehört auch, sich mit anderen zu verbünden. Dabei mag es jedem auf den ersten Blick einleuchten, sich mit Gleichgesinnten zusammenzutun. Der wesentlich größere Schritt ist es jedoch, sich mit Fremden zu verbünden! Dagegen haben viele Menschen eine tiefverwurzelte Abneigung. Ich sehe das an den Problemen, die alle Staaten weltweit mit ihren Einwanderern haben. Natürlich gibt es mit Migranten immer Schwierigkeiten. Sie sind in der Regel ärmer als die Einheimischen, aber hungrig und voller Tatendrang, auf welche Weise auch immer am Reichtum ihres »gelobten Landes« teilzuhaben. Sie sind fremd, immer anders – und das verursacht Vorurteile und Berührungsängste. Man begegnet ihnen mit Misstrauen, manchmal Ablehnung, mitunter sogar Hass. Dadurch aber verschärfen sich die Probleme nur.

Schließlich versucht man, das Problem von Regierungsseite zu lösen. Es werden Mittel bereitgestellt, Programme aufgelegt und den Einwanderern alle möglichen Verpflichtungen auferlegt. Man nennt das dann »Integrationsförderung« oder so ähnlich und glaubt allen Ernstes, damit Gemeinsamkeit zu erreichen. Das Problem ist aber, dass sich niemand wirklich mit den Fremden zusammentun will! Man verbündet sich nicht mit ihnen, um gemeinsam die unleugbaren Probleme zu lösen. Nein, man verordnet ihnen etwas. Man bleibt in seiner »höheren« Position, entmündigt die anderen dadurch und schafft ein für Lösungen denkbar ungeeignetes Klima.

Ganz extrem klingt zunächst die Forderung, sich mit seinen Feinden zu verbünden. Der Eisbär und der Pinguin tun aber genau das. Musste sich der Pinguin selbst überwinden, als er, »der Eine unter Vielen«, seine schützende Gemeinschaft hinter sich ließ, so muss der Eisbär, der Individualist, sich überwinden, als es gilt, einen Bund zu schließen. Sie verbünden sich miteinander, obwohl sie einander extrem fremd sind, ja eigentlich sogar Feinde. Sie verbünden sich dann aber auch mit den anderen Tieren. Da treffen dann wirklich Extreme aufeinander: Seehund und Papagei, Leopard und Biene, Eule und

Affe. Schließlich verbünden sie sich sogar mit den Menschen, die ihnen die Kälte geklaut haben und allein schon deshalb ihre Feinde sein müssten. Sie gewinnen die Menschen – wenn auch auf drastische Weise – stattdessen jedoch für eine Kooperation. Die Menschen und die Tiere der Fabel fallen deshalb nicht gleich in einen Liebestaumel. Ihre Gegensätze und unterschiedlichen Interessen im Hinblick auf die meisten Dinge bleiben bestehen. Aber sie können sich auf ein gemeinsames Handeln verständigen, nachdem ihnen erst einmal die beiden Seiten drohende Gefahr klar geworden ist.

Hinter diesem buchstäblich fabelhaften Arrangement steckt das »Prinzip Gemeinsamkeit«. Es geht dabei darum, die in der Realität bestehenden Gegensätze durch einen höheren Sinn zu versöhnen. Dass so etwas geschehen muss und geschehen kann, erleben wir seit einigen Jahren unter dem Stichwort Klimawandel. Und nicht zufällig beschäftigen sich der Eisbär und der Pinguin gerade mit diesem Thema. Was ist bisher passiert?

»Für den Klimaschutz bleiben nur noch wenige Jahre!« – So oder ähnlich titelten Anfang 2007 fast alle wichtigen Zeitungen in Europa. Noch vor gar nicht allzu langer Zeit wäre ein solcher Aufmacher für die meisten Chefredakteure undenkbar gewesen. Bestenfalls hätte man so irgendwelche fanatischen Umweltschützer zitiert. Jetzt aber wird das Thema plötzlich ernst genommen. Dabei ist die Vorgeschichte ziemlich lang.

Viele sind der Meinung, dass der Klimawandel, also die Aufheizung der Atmosphäre, zunehmende Stürme und Überschwemmungen, die Ausdehnung der Trockengebiete und so weiter, erst in den letzten zehn Jahren beobachtet wurde. Das stimmt aber nicht. Bereits im Jahre 1897 – ja, Sie haben richtig gelesen: vor über 100 Jahren – hat der berühmte schwedische Chemiker Svante Arrhenius den »Treibhauseffekt« bemerkt und als von Menschen gemacht beschrieben. Seit 1958 messen die Wissenschaftler von Mauna Loa, einer Forschungsstation auf Hawaii, den CO_2-Gehalt der Atmosphäre und stellen einen ständig schneller verlaufenden Anstieg fest.

Es dauerte aber von diesem Zeitpunkt an noch mehr als 30 Jahre, bis die größte Umweltkonferenz der Menschheitsgeschichte 1990 in Rio de Janeiro ein Klima-Abkommen beschloss. Darin heißt es, dass die Stabilisierung der Konzentration von Treibhausgas in der Atmosphäre auf einem Niveau erreicht werden soll, auf dem eine gefährliche, von Menschen verursachte Störung des Klimasystems verhindert werden kann. Die Teilnehmer dieser Umweltkonferenz waren sich einig wie selten – man spricht bis heute von der »Euphorie von Rio«.

Und danach passierte erst mal nichts. Bis heute. Darüber können auch die diversen Nachfolgetreffen nicht hinwegtäuschen. Die Konferenz von Berlin 1995 brachte Ernüchterung, weil der »politische Alltag« eingekehrt war – ein übel verharmlosender Ausdruck für das Wirken der unterschiedlichsten Interessengruppen und deren Einfluss auf die (in vielen Fällen sogar demokratisch gewählten) Politiker. In Kyoto kommt es dann 1997 nach einer dramatischen Nachtsitzung wenigstens zu einem Hoffnung weckenden Protokoll. Aber es wird anschließend von einigen wichtigen Staaten – darunter die USA und Australien – nicht in Kraft gesetzt. Wenn hier von

Staaten die Rede ist, sind damit nicht die darin lebenden Menschen gemeint, sondern deren politische Führungen, hinter denen mächtige Interessengruppen stehen.

Was lehrt das über den Verlauf gesellschaftlicher Veränderungsprozesse? Ganz einfach: Wenn auch alle Fakten eine klare Sprache sprechen, wenn auch sämtliche technischen und finanziellen Mittel vorhanden sind – man spricht von einem finanziellen Aufwand von weniger als einem Prozent des weltweiten Bruttosozialprodukts, verteilt über die nächsten 15 Jahre, um der Bedrohung Herr zu werden –, so muss deswegen noch lange nichts passieren.

Zwar wurden zwischen den Fachleuten die unterschiedlichsten Lösungen ausgearbeitet, bis hin zu dem höchst vertrackten System des »Emissionshandels«. Aber solange keine Einigkeit unter den Mächtigen besteht, spitzt sich der Konflikt immer weiter zu. Selbst als Russland am 18. November 2004 das Kyoto-Protokoll – oder das, was davon übrig geblieben ist – ratifizierte, war damit die Welt nicht gerettet. Die drohende Katastrophe wird dadurch noch nicht einmal hinausgezögert. Es gab zu diesem Zeitpunkt nichts, was die Polarisierung der Kräfte hätte auflösen können.

Jetzt aber scheint sich die Situation zu verändern. Die neuesten UNO-Studien, von renommierten Wissenschaftlern gemacht und nicht mehr so leicht vom Tisch zu wischen, zeigen die ganze Dramatik der Situation. Es bleiben nur noch 15 Jahre! Damit taucht eine sehr reale Bedrohung auf, und zwar für alle. Ob Industriestaat oder Entwicklungsland – die Auswirkungen sind überall sichtbar. Die Bedrohung ist gewaltig. Und sie wird öffentlich wahrgenommen, das ist das Wichtigste. Vorbei scheinen die Zeiten, in denen das Thema auf der politischen Bühne kleingeredet werden konnte.

Und so könnte es weitergehen: Unter dem Eindruck dieser übermächtigen Bedrohung treten viele der heute die Politik beherrschenden Probleme in den Hintergrund. Die großen Widersprüche, die uns bis jetzt von gemeinsamem Handeln abgehalten haben, könnten unter der Wucht dessen verblassen, was jetzt offensichtlich wird. Es gibt ein großes Problem, das alle kleinen Streitpunkte in den Hintergrund drängt. Die Staaten werden eine Gemeinsamkeit entwickeln, auf deren Grundlage der Klimawandel abgeschwächt und unser Planet geheilt werden kann. Vielleicht lassen sich sogar Israelis und Araber in diese Aufgabe gemeinsam einspannen. Die Welt würde dadurch am Ende sogar ein friedlicherer Ort. Also hoffen wir, dass die Schlagzeilen über den Klimawandel nicht abreißen und dass immer mehr Öffentlichkeit für dieses Thema entsteht.

Wie nun entsteht Gemeinsamkeit? Das ist die große Frage, die mich besonders interessiert. Hier liegt der Schlüssel verborgen, der Türen öffnet. Wir wissen, dass niemand sie herbeireden kann. Auch Rundschreiben nützen nichts, selbst wenn in Unternehmen immer wieder versucht wird, durch Aushänge oder Unternehmensleitbilder die Mitarbeiter in das Boot des Vorstands zu holen. Gemeinsamkeit ist eine emotionale Dimension. Sie ist ein Gefühl, sie entsteht durch Emotionen.

Große gemeinsame Gefahren schmieden Gemeinschaften zusammen. Aktuelle Beispiele sind die Terrorismusbedrohung und in der Tat auch die Gefahren des Klimawandels. Großes gemeinsames Leid und Mitgefühl haben die Solidarität der

Nachkriegszeit ausgelöst und feste Bande zwischen sich unbekannten Menschen geknüpft. Bei Trauerfeiern wird oft Trennendes zwischen einzelnen Familienmitgliedern überwunden.

Auch große Herausforderungen erzeugen Gemeinsamkeit. Mit dem Mondlandeprojekt hatte John F. Kennedy die Amerikaner zusammengeschweißt, auf ein großes, gemeinsames Ziel ausgerichtet, erfolgreich und stolz gemacht. Ähnliches ist uns in Deutschland mit den Herausforderungen der Wiedervereinigung nicht gelungen. Aber die meisten von uns haben ihre persönlichen Erfahrungen, wenn sie als Familie oder im Arbeitsteam vor großen Aufgaben standen. Und alle erinnern wir uns noch an das Über-sich-Hinauswachsen der deutschen Fußballnationalmannschaft bei der Weltmeisterschaft 2006. Jürgen Klinsmann hatte sie auf ein Ziel eingeschworen, und dann sind sie von Erfolg zu Erfolg geeilt.

Die Fußball-Weltmeisterschaft in Deutschland hat uns noch ein weiteres Beispiel über das Entstehen von Gemeinsamkeit vor Augen geführt. Niemand, ob in den Stadien, vor den Großleinwänden oder vor den Fernsehern in den Kneipen, konnte sich dem gemeinsamen Glücksgefühl entziehen, wenn Tore fielen, Jubel aufbrandete und sich wildfremde Leute in den Armen lagen. Glücksgefühle schaffen Gemeinsamkeit. Wir kennen das von den Fans beim Eishockey, von den gemeinsamen Freudentränen bei wirklich schönen Hochzeiten oder auch von zahlreichen Hollywoodfilmen. Dort wird ganz bewusst mit großangelegtem Beifall nach vollbrachter Leistung gearbeitet, um die Zuschauer mit den Helden zu identifizieren. Eisbär und Pinguin erleben dieses Gefühl am Kilimandscharo und es verbindet sie für alle Zukunft miteinander.

Gemeinsamkeit entsteht durch Liebe. Zwei Menschen, grundverschieden wie Mann und Frau nun einmal sind, überwinden Schranken, vereinigen sich und zeugen neues Leben. Hier kann man das Mysterium spüren, welches in Gemeinsamkeit steckt. Liebe hat aber auch noch eine spirituelle Dimension. So eint die Liebe zu Jesus Christus seit zwei Jahrtausenden viele Menschen, wohlgemerkt im spirituellen Sinne, nicht unbedingt in allen ihren Handlungen. Spürbar wird das beispielsweise, wenn man orthodoxen Gottesdiensten oder den Zusammenkünften der Taizé-Gemeinschaft beiwohnt. Mystiker bezeichnen ihr Eingehen in Gott oder in ein höheres Bewusstsein als die höchste und vollkommenste Form von Gemeinsamkeit. Die meisten von uns können das vermutlich nicht nachvollziehen. Es zeigt uns aber doch, welch große Macht von diesem Prinzip der Gemeinsamkeit ausgeht. Deshalb ist es auch die Hauptbotschaft der Fabel vom Eisbär und vom Pinguin, durch Gemeinsamkeit die Welt aus den Angeln zu heben, sie zu verändern und besser zu machen.

Noch einmal zurück zum »Prinzip Pragmatismus«. Dazu ge- hört es auch, seine Aufgaben unverdrossen abzuarbeiten. Wir kommen immer wieder in Situationen, in denen es uns schwerfällt, den gewählten Weg einzuhalten. Wir ermatten unter der Fülle der täglichen Aufgaben, sehen kein Licht am Ende des Tunnels und fangen an zu bezweifeln, dass am Schluss all unserer Arbeit der Erfolg steht. Ich nenne das »die Mühen der Ebene«, denen wir uns nun mal unterziehen müssen, wenn wir erfolgreich sein wollen. Bill Clinton hat das in seiner Autobiografie auf die Formel gebracht: »Und wenn

der letzte Hund verreckt – wir machen einfach weiter!« Heute hört man oft, es gehe darum loszulassen. Das stimmt auch, betrifft aber das Loslassen von Gewohnheiten, wie beispielsweise dem Rauchen, das Loslassen von Abhängigkeiten, von falschen Erwartungen. Wir sollen dagegen nicht von unseren Pflichten loslassen. Wir sollen es nicht unterlassen, einmal übernommene Aufgaben zu erfüllen, auch wenn es zwischenzeitlich sehr schwer wird. Wir sollen uns den notwendigen Mühen nicht entziehen, sondern uns ihnen unterziehen.

Und so gehen auch der Eisbär und der Pinguin fast über ihre Kräfte hinaus bei dem Versuch, die Kälte aus den Maschinen der Menschen zu befreien und wieder in die Atmosphäre zu entlassen. Natürlich ist das zunächst der falsche Weg. Aber sie müssen ihn wirklich bis zum bitteren Ende gehen, um ihn als falsch zu erkennen. Um dann um Rat zu fragen, um sich mit ihrem Problem an eine größere Gruppe zu wenden, deren kollektive Weisheit anzuzapfen und schließlich gemeinsam die richtige Lösung zu finden.

Hier zeigt sich die Dialektik vom Richtigen des Falschen. Durch die nächtliche Schinderei der beiden Tiere wird in ihnen so viel Lösungsdruck erzeugt, so viel Quantität angehäuft – um hier ein dialektisches Begriffspaar zu verwenden – die sich dann in einer neuen Qualität der Arbeit niederschlägt, nämlich weg vom einzelgängerischen Machen und hin zum Führen einer großen, interdisziplinären Gruppe.

Als der große Sprung gelungen ist, in dessen Folge die Erdachse kippt und der Äquator verrutscht, haben der Eisbär und der Pinguin dann fast schon ihren ganzen Job erledigt. Sie haben »die anderen« aufgerüttelt. Sie haben allen Tieren und insbesondere den Menschen als der handlungsstärksten Gruppe einen neuen Sinn gezeigt, nämlich umzukehren und dem Klimawandel entgegenzuwirken. Sie haben sozusagen die Welt motiviert. Damit sind sie in die Führungsrolle gewachsen, und ab diesem Punkt müssen sie selbst sich raushalten. Sie müssen der Sachkunde und Lösungskompetenz »der anderen«, in diesem Falle der Menschen, vertrauen und Raum geben. Und so geschieht es denn in der Fabel auch. Die Menschen finden die Lösungen, und die drohende Gefahr für die Welt wird abgewendet.

Während die Fabel ihren Lauf nimmt, beweisen sich der Eisbär und der Pinguin immer wieder in ihrer Führungsrolle. Beispielsweise achten sie darauf, den Erfolg der ganzen Aktion mit den anderen zu teilen, ja sogar deren Anteil wesentlich stärker herauszustellen als ihren eigenen. Das zeugt von ihren aufrichtigen Charakteren, ihrer Unterordnung unter eine größere Sache und von ihrer Weitsicht. Denn geteilter Ruhm motiviert die Mannschaft zum Weitermachen.

Der Eisbär und der Pinguin machen sogar ihre anfänglichen Gegner, die Hyänen, zu ihren Verbündeten, indem sie ihnen am Schluss wichtige Aufgaben übertragen. So gehen Führungspersönlichkeiten mit ihren Opponenten um. Und last but not least behalten sie auch in der Zukunft die Fäden in der Hand, leiten die Ausweitung der ganzen Aktion auf andere ökologische Themen ein, bleiben informiert und aktiv im Kommunikationsprozess, raten und beraten.

Über das »Prinzip Inszenierung« zur Gestaltung von Wandel habe ich bereits in meinem Buch »Drei Oscars für den Chef« einiges geschrieben. Es geht zunächst darum, das System, in dem die Lösung stattfinden soll, ausreichend zu destabilisieren. Wir wissen aus der Alltagserfahrung, dass wir nur dann einen Schritt in die jeweils gewünschte Richtung machen können, wenn unser Körper vorher aus dem Gleichgewicht kommt. Und genauso verhält es sich mit sozialen Systemen, also mit Unternehmen, Familien, Vereinen und natürlich auch mit der ganzen menschlichen Gesellschaft.

Die Beharrung ist in sozialen Systemen durch zwischenmenschliche und historische Gewohnheiten, durch Vorurteile, besonders jedoch durch Macht- und Geldinteressen verursacht. Starke, etablierte Kräfte wollen den aktuellen Zustand bewahren und widersetzen sich jeder Veränderung bereits im Ansatz. Diese Kräfte können nur durch gewaltige Destabilisierung erschüttert werden. Der Eisbär und der Pinguin und die mit ihnen verbündeten Tiere schaffen das durch den »großen Sprung«, mit dem sie die Erdachse kippen und so den Äquator bis nach New York verrutschen lassen.

Der nächste Schritt einer erfolgreichen Inszenierung von Wandel besteht in der so genannten Selbstorganisation. Das hat nichts mit einem »Selbstläufer« zu tun, sondern muss geschickt eingefädelt werden. Da kann man nicht abwarten, bis die Dinge sich einfach von selbst ordnen. Die Einwirkung erfolgt aber auch nicht auf der Ebene des Machens. Deshalb unterbreiten in der Fabel die Tiere den Menschen nicht ihre Vorschläge zur Rettung der Welt. Sie machen es gerade nicht so, wie das heute Politiker machen, wenn es darum geht, den Klimawandel aufzuhalten. Stichworte für deren Einmischung sind etwa der autofreie Sonntag, das Lichtabschalten in

Australien oder das Verpressen der CO_2-haltigen Abluft von Kraftwerken in tiefliegende Erdschichten.

Was wissen schon Politiker? Sie sollten sich bei solchen Sachfragen wirklich raushalten und das den Spezialisten überlassen. Was sie aber im Sinne einer »Inszenierung« tun müssen, ist, die Selbstorganisation der Fachleute ins Rollen zu bringen. In der Fabel ruft der afrikanische UNO-Vertreter zu Arbeitsgruppen auf und fördert deren Zusammenarbeit und Kontrolle. Dadurch organisiert er Selbstorganisation! Und er wendet dabei ein weiteres, extrem wichtiges Prinzip an, nämlich das »Prinzip Offenheit«. Durch die von ihm erzwungene öffentliche Arbeit der UNO-Gremien, durch die permanente Anwesenheit von Medien und New Yorker Bevölke- rung, wird einerseits Lösungsdruck erzeugt, andererseits gelingt es gegnerischen Intressen nicht, den einmal eingeschlagenen Weg wieder zu verlassen.

Das »Prinzip Offenheit« kommt übrigens noch an anderen Stellen der Fabel zum Ausdruck. So sind der Eisbär und der Pinguin offen für Ratschläge. Sie hören auf den Geier, obwohl er ihnen mit Recht suspekt ist und besonders der Eisbär wenig Sympathie für diesen Galgenvogel hat. Sie haben die Stärke, sich dem Uhu zu öffnen und anzuvertrauen und erhalten von ihm einen richtungweisenden Rat. In der Manege des Zirkus sind sie offen für die Meinungen und Vorschläge der anderen Tiere und zeigen sich dann sogar den zunächst abwegig erscheinenden Spielereien der Affen mit ihrem Kreisel zugänglich. Sie wissen einfach, dass die großen Lösungen nicht den ausgetretenen Pfaden folgen, sondern immer aus überraschend anderen Richtungen kommen. Offenheit ist der entscheidende »sozio-systemische« Erfolgsfaktor für positive Veränderung. Man braucht aber Mut, ihn zu verwirklichen.

Alle Tiere haben gemeinsam den Lösungsweg gefunden. Danach haben sie die wichtigsten Dinge für die Umsetzung festgelegt, beispielsweise »Wer informiert wen?« oder »Wer ist für was verantwortlich?« Schließlich nehmen die Dinge ihren Lauf. Das geschieht in der Welt der Tiere, als die Versammlung im Zirkus vorbei ist und sich der Eisbär und der Pinguin nicht mehr einmischen, sondern ihre Experten ranlassen. Das geschieht aber auch in der Welt der Menschen, wo die UNO-Arbeitsgruppen sich an die Arbeit machen und bereits nach kurzer Zeit die ersten Erfolge erzielen. Selbstorganisation ist die beste Form, um Initiativen hervorzulocken und Innovationen zu ermöglichen. Die Führungspersönlichkeiten konzentrieren sich hier darauf, dass der Kurs gehalten wird, und unterstützen die Macher und Spezialisten bei der Arbeit, indem sie diese ermutigen und für sie optimale Arbeitsbedingungen schaffen.

Im letzten Kapitel der Fabel wird die abschließende Phase von Veränderungsprozessen, die sogenannte Stabilisierung deutlich. Der Eisbär und der Pinguin sind jeder in seinen Teil der Welt zurückgekehrt. Von dort aus steuern sie den Fortgang der Entwicklung. Sie haben hervorragend funktionierende Informationsnetzwerke, die sich auf die in vergangenen Zeiten gewachsenen Beziehungen – selbst zu den Hyänen – stützen. Sie beobachten, wie andere Tiere neue Aktivitäten in Gang setzen, zum Beispiel die Tiger, und freuen sich über die Ausweitung der ganzen Initiative bis hinein in die Tiefen der

Ozeane. Bewährtes wird zum Standard, das Bemühen aller richtet sich auf Verbesserung und Optimierung.

Am Schluss der Geschichte sind der Eisbär und der Pinguin für die anderen Tiere die mutigen Vorreiter und Initiatoren, sie sind Vorbilder und akzeptierte Anführer. Bleibt die Frage, wie sich der Eisbär vom jugendlichen Heißsporn zum abgeklärten Anführer entwickeln konnte. Wie gelang es ihm, in die Rolle des alten Eisbären auf der Wrangelinsel hineinzuwachsen? Und wie schaffte der Pinguin den Sprung vom identitätslosen Massentier zum selbstbewussten Individuum – Sie erinnern sich an die Episode in der Savanne, wo er plötzlich die Besonderheit seines orangefarbenen Flecks am Bauchgefieder bemerkt und seine Mission versteht? Und wie fügte er sich später wieder in seine Kolonie ein, ohne seine Besonderheit zu verlieren?

Die Antwort auf all diese Fragen steckt im »Prinzip Transformation mittels Erfahrung«. Dieses Prinzip besagt, dass Veränderungen von Persönlichkeiten nur durch reflektiertes Erleben geschehen. Wir müssen uns den Herausforderungen stellen, die vor uns liegen. Je größer diese sind, desto größer ist zweifellos das Risiko des Scheiterns – desto größer ist aber auch die Chance zur Transformation unserer Persönlichkeit. Die Auseinandersetzung mit den Herausforderungen ist es jedoch nicht allein. Dazu gehört auch die Reflexion des Erlebten, seine Verarbeitung durch Bewerten und Verinnerlichen, das dadurch erst zu wirklicher Erfahrung gerinnt.

Oben haben wir gesagt, dass Gemeinsamkeit eine emotionale Dimension ist. Wenden wir das eben genannte Prinzip der

Transformation mittels Erfahrung an, so bedeutet das, wir müssen Gemeinschaft erleben. Dies ist vor allem für junge Menschen wichtig, und sie haben danach auch eine große Sehnsucht. Also sollten wir doch alles dafür tun, ihnen diese Erlebnisse in der Familie, in der Schule, in der Firma, im Freundeskreis, im Sportverein und unter ihresgleichen zu bieten. Wenn die »Guten« in der Gesellschaft es nicht tun, dann werden es die »Bösen« tun.

Wenn wir gemeinsam arbeiten und kämpfen, gemeinsame Ziele verfolgen, Erfolge und Misserfolge teilen, so schaffen wir damit Erinnerungen, die uns lange verbinden. Dazu gehört auch, gemeinsam zu feiern und gemeinsam zu trauern. Man kann noch Vieles mehr tun, gemeinsam essen (mit oder ohne Tischgebet), gemeinsam singen (dazu eignen sich Popkonzerte genauso gut wie sakrale Gesänge), sich gemeinsam bewegen beim Tanz oder bei Volksläufen. Der Start zu einem Fünfkilometerlauf inmitten einer Menge von Hunderten oder Tausenden von Menschen ist einfach ein erhebendes Gefühl von Gemeinsamkeit. Gemeinsame Bewegung und das gemeinsame Hervorbringen von Tönen hat eine lange Tradition bei der Herstellung und Festigung von Gemeinschaft. Schamanische Stammesrituale, Kriegsgeschrei und Kriegstanz, die Tänze der Derwische im Orient, der Musikantenstadl oder auch neuere internationale Friedenstanz-Traditionen sind vielfältige Beispiele dafür. Wohlgemerkt: Ich will Sie jetzt nicht animieren, sich okkulten Praktiken zuzuwenden. Wir können uns aber bemühen, zeitgemäße und unserem kulturellen Hintergrund angemessene Rituale zu pflegen, mit denen wir Gemeinsamkeit herstellen und stärken. Es ist wichtig!

Ich möchte Sie zum Schluss nun einladen, in der Fabel vom Eisbär und vom Pinguin weiter nach Prinzipien, Handlungsideen und Hinweisen für erfolgreiches Leben und Arbeiten zu suchen. Ich kann Ihnen an dieser Stelle versichern, dass ich noch eine Menge mehr in der Geschichte vom Eisbären und vom Pinguin untergebracht habe. Aber es steckt sicher auch noch ganz viel drin, von dem selbst ich als Autor nichts ahne!

Also, machen Sie sich Ihre eigenen Gedanken! Und wenn Sie Lust haben, dann schreiben Sie Ihre Entdeckungen in den Weblog »Eisbär und Pinguin«.

Dieses Internetforum finden Sie auf meiner Website www.fourier.de.

Lassen Sie uns dort gemeinsam über die Fabel diskutieren. Vielleicht möchten Sie die Geschichte weitergestalten? Vielleicht fallen Ihnen neue Betätigungsfelder für den Eisbären und den Pinguin ein? Ich bin mir sicher, dass durch offenen Austausch zwischen Menschen eine Gemeinsamkeit entsteht, durch die sich neue Beziehungen für neue Lösungen ergeben. Es gibt noch viel zu tun.

Bis hoffentlich bald im Internet!

Ihr
Stefan Fourier
www.fourier.de

Dank

Einigen Menschen möchten Eisbär & Pinguin besonders danken: Oliver Gorus für die fabelhafte Idee, für Platzierung und Vermarktung, Jörg Achim Zoll für seine besondere literarische Begleitung, den Menschen des Pendo-Verlags für die Umsetzung des Projekts. Ich schließe mich diesem Dank an und bewundere meine Frau Karin Fourier dafür, dass sie immer an mich glaubt.